AF450702

# 21 formas sencillas de conquistar a una chica [comprobado]

Norberto Bruguera

EDIQUID

21 FORMAS SENCILLAS DE CONQUISTAR A UNA CHICA [COMPROBADO]
© Norberto Bruguera

Editado por: Corporación Ígneo, S.A.C.
para su sello editorial Ediquid
José Olaya 169, Ofic. 504, Miraflores. Lima, Perú
Primera edición, diciembre, 2024

ISBN: 978-612-5184-04-7

Hecho el Depósito Legal en la Biblioteca Nacional del Perú N° 2024-11452

www.grupoigneo.com
Correo electrónico: contacto@grupoigneo.com | Teléfono: +51 955 071 270
Facebook: Grupo Ígneo | X: @editorialigneo | Instagram: @grupoigneo



Colección: Pensamiento

# Contenido

Los ejemplos y las historias que respaldan la teoría de este libro han sido recogidos por el autor a lo largo de muchos años como consultor y en su trabajo de conferencista. Los casos son reales, no obstante, se han cambiado los nombres originales de los protagonistas para garantizar su confidencialidad.

# Prólogo

Si usted es de aquellos que se ha enamorado muchas veces, que ha cometido tonterías y se ha rendido a los pies de una persona que no lo ama, entonces, se puede decir que ha venido al lugar adecuado.

Si no ha tenido éxito con el sexo opuesto, este libro contiene muchos enigmas que hasta ahora pueden haber sido vistos por usted como un secreto impenetrable que solo había estado al alcance de unos pocos elegidos.

Los métodos de seducción que vamos a ver a través de los 21 capítulos son juegos divertidos de psicología donde nada tiene que ver con lo agraciado que sea usted o de los recursos económicos que posea. De tal forma que, si lleva a cabo con diligencia la tarea de leer este manual, se puede decir que podrá dominar los principios lo convertirán en un conquistador imparable.

Lo único que necesita es aplicarse lo suficiente para llegar a ser el seductor que quiere usted llegar a ser. Le aconsejo que evalúe las estrategias de cada capítulo, teniendo en cuenta de que el comportamiento de cualquier mujer es influenciable. Este manual integra los postulados de varios seductores del tiempo actual que lo llevarán a conquistar a la mujer de sus sueños.

Este libro fue escrito tanto para hombres adolescentes como para mayores, aunque su efectividad se podría ver disminuida en un 30 % si quien trata de seguir estos conceptos es una dama que quiere conquistar a un hombre.

Por otro lado, el lector puede sacar provecho y beneficiarse con la lectura de este manual, además puede empezar a aplicar estas técnicas de forma inmediata para experimentar cambios favorables en su vida sentimental con poco esfuerzo. Presentamos, también cada capítulo con descripciones completas y ejemplos tomados de la vida real.

Los ejemplos aquí vistos son de fácil asimilación y ayudan al lector a recordar lo que ha aprendido, así como también lo ayuda a disfrutar de beneficios inmediatos y duraderos.

Vale destacar que este libro no es una subdivisión de la ley de la atracción o de cualquier texto de autoayuda, pero sí contiene los principios básicos que lo llevarán a ser un hombre magnético con las mujeres.

Una vez que interiorice lo que manifiestan estas páginas, déjese llevar por sus ideas, pronto se dará cuenta que es usted un conquistador capaz de arrasar con todo.

# CAPÍTULO 1

## Utilice la magia de la persuasión para hacer realidad sus sueños románticos

¿Hay alguien a quien usted ama mucho y que le agradaría que esa chica lo ame a usted más?, ¿qué cree que ocurrirá si, en la mitad de un encuentro con esa persona a la que ama, usted decide dejar de hablar de repente en un pico alto del diálogo? Esta elemental fórmula puede ser uno de los más ingeniosos procedimientos para darle un estímulo a una relación que estaba decayendo. Veamos un ejemplo:

Un joven cuya historia es igual a la de cualquiera, la utilizó con la mujer que luego fue su pareja sentimental por mucho tiempo.

La chica pertenecía a una familia de muy buena posición económica, como ninguna otra. Todos los que conocían a ella y a su familia la apreciaban, era bien recibida en todas partes. Los sentimientos de nuestro amigo hacia ella se habían vuelto vehementes e incontrolables.

Este joven utilizó la técnica del silencio en un momento en que la chica pensaba que los sentimientos de él hacia ella eran inamovibles. A la hora de salir, ella llevaba a la velada a alguna aliada incondicional y a la mamá de esa aliada y en otras ocasiones a varias amigas y eso sin que todavía sean pareja. Lo peor de todo es que se ponía tacaña a la hora de pagar los consumos y quería que él asuma todos los gastos de las salidas. Eso ocurrió así en varias ocasiones. Así que una noche luego de que ya habían ido a dejar a las compañeras inseparables de ella a sus casas, nuestro amigo empleó la técnica del silencio. Esta conducta era bastante contradictoria en comparación a la manera a como había actuado hasta entonces en donde él se había mostrado siempre muy animado.

Por supuesto, ella lo notó de inmediato y a medida que se aproximaban a la casa de ella, el silencio se volvía más desconcertante ante lo cual la muchacha se puso a preguntarse en su interior acerca de lo que podría estar pasando. La chica pensó que el control se le empezaba a escapar de las manos y le pidió que detuviera la marcha del vehículo y que le contara lo que estaba pasando, pero el protagonista de este ejemplo permaneció inconmovible y al llegar se despidió de forma seca.

## Estimulación emocional

Este es un caso en que el protagonista empezó a estimular las emociones de ella porque esa era la manera más corta (y económica) de llegar a su corazón, lo cual es un recurso que es muy útil para cuando la mujer que nos gusta empieza a sentirse en el limbo.

Dicho de otro modo, esta es la forma en que nuestra contraparte empieza a sentir emociones intensas para que ella deje de abusar de los sentimientos de la otra persona. En síntesis, le empezó a pagar con la misma moneda y luego ella durante tres meses se estuvo preguntando sobre lo que había ocurrido y si quizá él ya no la amaba.

Cierto día, nuestro amigo recibió la llamada de una de las amigas inseparables de ella que le decía de lo desmoronada que la joven se encontraba y que por favor la llame.

Al llamarla, él se mostró atento, pero no interesado, y la conversación no duró mucho tiempo. No obstante, en el tono de la voz de ella se notaba una expresión en la que suplicaba clemencia, se notaba a kilómetros de distancia que buscaba algo que decir sin hallarlo.

Este es un caso típico de como un simple cambio en la disposición de las cosas hace que la partida se incline hacia el extremo opuesto. De hecho, la actitud de la chica empezó a ser, de allí en adelante, más respetuosa y de verdadero aprecio.

Si quiere saber lo que ocurrió a continuación, le voy a decir que unas semanas después la joven lo llamó porque había comprado dos boletos para ir a un concierto de una orquesta sinfónica y, cuando la fue a ver a su casa, ella se había puesto un elegante traje de gala color rojo y al finalizar el concierto, fue ella la que lo invitó a tomar un refrigerio y la chica condujo la conversación tratando de hacer notar sus relaciones con gente influyente y sus conocimientos de las cosas mundanas. Por su parte el protagonista de esta historia permaneció impasible y, al final de la velada fue ella la que le solicitó que sean pareja como de hecho así sucedió.

Este fue un caso en el que el silencio empezó a retumbar en los oídos de ella y, aunque parezca sorprendente, eso despertó en la chica una gran pasión.

Es probable que, esta historia que he relatado sea percibida por usted en algunas de sus líneas a algo parecido a lo que alguna vez le ocurrió a usted o a alguno de sus allegados y que es posible que se sienta identificado con la narración de los hechos. Pero recuerde que este capítulo tiene como propósito ayudar a los lectores a encontrar el camino de retorno a la vida. Curiosamente el itinerario será siempre el mismo.

Este fue uno de los primeros éxitos que conseguí como consejero. Al final me di cuenta de que se me había pasado la mano porque la chica perdió por completo el control de la situación de una manera que ni yo mismo ni el protagonista del ejemplo lo esperábamos.

## Algunas precisiones útiles e importantes

- Hay quienes me han dicho que este procedimiento les ha sido efectivo en 24 o hasta en 72 horas. No obstante, hay quienes se demoran hasta tres meses, como es el caso del protagonista del presente ejemplo.

- No sienta temor de aplicar este procedimiento cuando una relación en la que está usted interesado empieza a decaer, porque si de vez en cuando no se da un buen remezón a la persona que se quiere seducir, entonces esa persona pensará que usted va a estar allí para siempre y eso será funesto para sus propósitos románticos.

- Se ha descubierto que nuestros cerebros liberan ciertos ingredientes químicos cuando sentimos impresiones impetuosas y que dichas sustancias producen adicciones. Con el mecanismo que hemos visto lo que se hace es introducirle a la persona amada una buena porción de un *alucinógeno cerebral*.

- Al aplicar esta fórmula se logrará que la otra persona empiece a sospechar de la influencia que ejerce ella sobre usted y se preguntará sobre lo que está pasando en la relación. Aunque no lo crea, este es un fundamento universal idóneo para otorgarle a usted una personalidad seductora que llegará a quitarle el sueño a aquel ser que usted ama con vehemencia. Una vez que lo ponga en práctica, todo se volverá más fácil y hasta entretenido.

- Este pequeño gran artilugio va a motivar a esa persona a que esté más interesada en usted y en sus necesidades. Aunque debo de aclarar que los efectos de la técnica del silencio, que es lo que vamos a ver en este extracto, va a provocar una agitación en la cual su contraparte empezará a cuidar más de su apariencia para agradarle a usted y buscará verse lo más atractiva posible para sus ojos.

- Con este mecanismo se logra capturar su imaginación y dirigir sus emociones.

- También tenga en consideración que el silencio lo deja todo en la imaginación de la otra persona y eso hace que la agudeza mental se dispare. Decirle al ser amado que está corriendo el riesgo de perderlo no es tan seguro como dejar que ella misma se haga a sí misma esa pregunta, lo que la estimula a que experimente emociones intensas. La mejor arma es la indiferencia acompañada de la suficiente autodisciplina y dejar que el poder del silencio haga el milagro.

- Quizá lo mejor de todo es que una vez que haya empezado, usted se encontrará armado de una gran confianza y será capaz de atraer al sexo opuesto con mandatos mentales que harán que la otra persona caiga subyugada a sus encantos.

- Advierta usted que el enamoramiento es lo más parecido a una enfermedad mental monstruosa que oscurece el juicio y entorpece la buena marcha del cerebro, lo que hace que veamos en la otra persona atributos que no existen y además esconde carencias e imperfecciones por demás evidentes.

- Debo de insistir que en estos casos es importante consultar con alguien que vea los problemas desde afuera, porque desde allí se ven las cosas con una perspectiva que está oculta para nosotros. Pero debo de subrayar que esa persona **debe de ser una total desconocida para esa chica que tanto nos gusta.**

- Si después de haber aplicado esta técnica del silencio, la otra persona nos llama, la conversación tiene que ser breve. Una buena manera de contestar a su llamada puede ser diciéndole: «¿a qué debo el honor de tu llamada?» y luego de una pequeña conversación despedirnos diciéndole: «continuaremos esto en otro momento porque estoy atendiendo un asunto importante» y a continuación nos despedimos.

- Es evidente que luego de esa despedida no la vamos a llamar para nada.

- Preocuparnos de que nadie le pueda llevar información sobre nosotros.

- Desaparecer es fundamental y, si tenemos que verla porque es compañera de estudios o de trabajo, hay que actuar como si ella fuera invisible para nuestra vista.

- Si fuera posible, hay que lograr que ella tenga miedo de que nos empecemos a fijar en otra persona, pero tener el debido cuidado de que esa persona no sea para nada alguien del entorno de ella.

- Si volvemos a estar en contacto con la chica, bajo ningún motivo debemos de ser nosotros los que iniciemos la conversación de una posible reconciliación.

- Las llamadas perdidas y los mensajes en cadena no se deben de atender.

- Si se portó como la chica del ejemplo, el regreso le tiene que ocasionar un costo elevado porque es la única forma de que nos valore. En otras palabras, no podemos ser alguien al que se puede dejar y recuperar al instante.

- Debo de especificar que mostrarse timorato, entregado, implorante, y dependiente es la forma más equivocada de luchar por un amor.

## ¿Con quiénes utilizarla?

He aquí algunas de las circunstancias en que se puede aplicar este audaz mecanismo:

1. Con mujeres que lo tienen a usted como un perrito amaestrado.
2. Con mujeres que, por alguna situación, se encuentran en una posición más ventajosa que usted.

3. Con mujeres que tienen muchos candidatos en su lista de espera y ella, a su vez, lo considera a usted uno más del montón.
4. Si a los ojos de ella, usted no ha logrado proyectar suficiente valor como para considerarlo un hombre idóneo para ella.
5. Si usted no es su tipo.
6. Si a esa persona no le gusta para nada su personalidad.

## ¿En qué circunstancias utilizarla?

Puede percatarse que en el presente ejemplo había de parte de la chica un sentimiento de «quemeimportismo» que luego de un tiempo se transformó en un arrebato incontenible, cuando se dio cuenta de que una de las posesiones que antes no merecía la pena tomar en cuenta, ahora estaba en peligro de escabullirse de las manos para siempre.

Advierta usted que vale la pena irse preparando para un resultado positivo. Examine cualquier incertidumbre o sospecha que pueda tener y vuelva a leer este manual. Si las dudas persisten pregúntese a usted mismo ¿son esas dudas más importantes que la persona amada? Luego de eso aférrese al plan y manténgase alerta y optimista con respecto al resultado final.

## Cuaderno de tareas

1. Si se encuentra en una situación en donde la persona amada lo tiene allí dándole migajas de pan emocionales o si usted se encuentra en la banca de suplentes o como parte de un plan B, entonces aplique la técnica del silencio y desmárquese de lo corriente, ya que considero que este plan es de alto linaje y que se acopla a sus ganas de foguearse en un mundo distinto al actual.

2. Si en la actualidad no se siente identificado con el punto 1, entonces imagine una situación del pasado y empiece a fantasear con lo que hubiera pasado si hubiera actuado aplicando la técnica del silencio y póngala en práctica en la siguiente ocasión.

## Indicios para resolver cuaderno de tareas

- Usar la técnica del silencio es una de las mejores cosas que se pueden hacer si queremos atraer a aquella persona que no nos toma en cuenta. A su vez esta técnica nos va a proporcionar autosuficiencia, sin importar cuál sea la situación económica o social en la que nos encontremos.
- Podríamos haber perdido nuestro trabajo, nuestro patrimonio e incluso podríamos tener una apariencia espantosa. Sin embargo, un recurso como este nos ayuda a mantenernos firmes y además es un interruptor sexual poderoso al que siempre va a sucumbir aquella persona que tanto nos atrae.
- Dicho de otra manera, para llevar a cabo la técnica del silencio hay que tener un buen sistema de creencias que respalde todo aquello que hemos emprendido y eso hará que nos volvamos más fuertes en el ámbito mental. Por lo tanto, si queremos ganar esta lucha tenemos que estar fuertes y recuperados durante todo el tiempo que dure el procedimiento. Tenga en cuenta que esta técnica es tan eficaz por sí sola que es capaz de dar vuelta a un resultado adverso.
- Una cosa en la que hay que reparar es que no se circunscriba tan solo a leer las técnicas que hemos visto y vamos a ver en este libro, sino que trate de

profundizar en las razones que hay detrás de ellas. Lo que se busca, a fin de cuentas, es tener una actitud optimista y que usted termine disfrutando del juego.

- Recuerde que el que menos ama es el que tiene el dominio de la situación y en un caso como este se vuelve imperioso que sea ella la que pierde la cabeza y la que ama más en la relación.
- Cuando sentamos un antecedente tenemos que permanecer firmes en esta postura.
- Las mujeres desean sin darse cuenta, aunque no lo reconozcan, a un hombre con temple, o sea un hombre que tiene el mando de la situación y esa va a ser su arma secreta de atracción personal.
- Vale recordar que en un acontecimiento como este que hemos visto, tan pronto como hagamos una concesión habremos malogrado aquello que habíamos ganado con tanto esfuerzo porque habremos fallado en la prueba.
- En estas situaciones es ella la que tiene que estar angustiada ante la posibilidad de perdernos.
- Esta circunstancia que hemos provocado nos proporciona la posibilidad de tener el mando de la interacción.
- Tener este tipo de actitud toma mucho esfuerzo y llegar a tener este nivel de confianza requiere de tiempo y paciencia. De manera que, si antes no lo ha hecho, este es el momento de prosperar en ese sentido.
- En una situación así, tener una cara bonita o un cuerpo atlético significa muy poco porque aquí lo que importa es como se la hace sentir a una mujer y que lo que ellas inconscientemente desean es a un hombre con una gran fortaleza mental.

- Si es ella la que empieza a tomar el control, estará en problemas más adelante en el caso de que se llegue a consolidar una relación en el futuro con ella.
- Recuerde que ser romántico y delicado no es sinónimo de inseguro.
- Vale recalcar que una vez que se la consigue, es el romance y la delicadeza lo que las mantiene enamoradas.
- Solo una cosa más. Una transformación de gran alcance para sus intereses consiste en repetir para sus adentros cada vez que se encuentre frente a una mujer encantadora las dos frases siguientes: 1) yo soy la parte más importante en esta relación y 2) no me importa lo que ella piense.[1] Frente a esto último debo de recalcar que muchos hombres no logran causar un buen impacto porque olvidan este sencillo mecanismo, pero la buena noticia es que estas dos frases simplifican lo que antes parecía una pesadilla y una de las mejores maneras de conseguir la atención de una chica es a través de esta potente técnica innovadora. Le sugiero que la ponga en práctica cada vez que esté dubitativo frente a una mujer y su retribución será que podrá caminar libre de riesgos y lo transformará en un hombre con confianza en sí mismo.

---

1. Frases tomadas de *Las Reglas de David X, e-book*, pág. 36

# CAPÍTULO 2

## Confianza en sí mismo

Hace unos pocos años atrás cuando Wellington E. había regresado a su tierra natal después de haber obtenido un doctorado en un país de Europa del Este. Una hermosa vecina, divorciada y 10 años mayor que él en forma muy gentil le pidió que le diera clases a un hijo de ella que flaqueaba en matemáticas.

«Es muy amable de su parte que usted le dé clases a mi hijo», le dijo ella unos días después, «y quiero aprovechar la oportunidad para invitarlo a mi fiesta de cumpleaños que será el próximo viernes en la noche aquí en mi casa».

Después de agradecer por la invitación, Wellington le dijo: «es usted muy atenta al invitarme, veré si puedo venir».

Al llegar el viernes, el señor E. acudió a la invitación y se encontró con un aire un poco enrarecido, no le pareció nada agradable que su vecina y un grupo de amigas estuvieran conversando y riéndose entre ellas, hablando de temas de tipo sexual, pero dando por sentado que él era un mentecato.

Wellington estaba atónito porque no esperaba que aquellas mujeres se expresaran de esa manera y cuando lo invitaron a tomar un vino rosado y luego una gran cantidad de cerveza, la vecina y sus amigas siguieron haciéndole todo tipo de provocaciones, pero asumiendo que él era un retrasado a lo que el señor E. les contestó: **«Ustedes parece que tuvieran el sexo en mente más que yo».**[2]

Como es natural, ellas no esperaban este tipo de respuesta y todas aquellas mujeres bajarón la guardia en cuanto a este tipo

---

2. Frase tomada de *Las Reglas de David X, e-book,* pág. 22

de insinuaciones a lo que Wellington les respondió: «**La verdad es que no me gusta hablar de sexo**» y ellas le preguntaron por qué y el señor E. les dijo: «**Porque solo hablo de sexo cuando voy a tenerlo**».

Luego de la comida nuestro amigo se retiró de la fiesta, pero unas semanas después en un domingo cuando Wellington salía de su casa en su coche, la hermosa vecina lo abordó y le pidió que la llevara a cierto sitio en el centro de la ciudad y mientras iban camino al lugar de destino ella se disculpó por haber actuado como lo hizo y a continuación le hizo saber sobre la gran pasión que él les había provocado a ella y a sus amigas con las respuestas que él les había dado el día de la fiesta y que ella al igual que sus compañeras se habían sentido atraídas por su carisma y lo que más deseaba desde ese momento era empezar a tener una aventura con él.

Esta mujer y sus amigas habían empezado a amar la confianza del señor E. y eso hizo que naciera un impetuoso romance entre ambos.

## Algunas precisiones útiles e importantes

El carisma es un don con el que no todos nacen, pero que se lo puede cultivar. El protagonista de esta historia era un hombre muy tímido que logró sacar adelante un hermoso romance gracias a las frases que obtuvo en uno de mis cursos, las cuales a su vez fue tomada de David X. Esa agudeza le proporcionó seguridad y una gran energía que para él era desconocida hasta ese momento.

Esta expresión tuvo la virtud de hacer parecer extraordinario a un hombre que hasta ese momento no había logrado nada en su vida sentimental. Ese recurso persuasivo hizo que Wellington adoptara desde ese momento un aire de misterio que no dejó indiferente a ninguna de las mujeres que acudieron a la cita de aquella noche.

## ¿En qué circunstancias utilizarla?

Cuando seamos blanco fácil de las conversaciones de tipo sexual de las mujeres, este es un estímulo primario que disimula cualquier imperfección de nuestra parte.

Vale recordar que esta conducta molesta de parte de las mujeres hace que ellas sean finalmente las damnificadas de su propio juego poniendo en el ejecutante una masculinidad a tono con la situación que se presenta.

Aconsejo utilizar este proceso de enamoramiento para cuando se presente una situación similar a la del señor E. porque es inocente en apariencia y hace que quien lleve a cabo la ejecución empiece a liberar un carisma que hace que sean muchas las mujeres que empiecen a sentirse seducidas y enamoradas del ejecutante. Además de sacarnos del anonimato, esta frase contribuye a que quien la lleva a cabo sienta que su creencia en sí mismo lo vuelvan imperturbable y que a su vez su personalidad se proyecte en forma exponencial.

## ¿Con quiénes utilizarla?

Si nos aparecen mujeres arbitrarias que son así debido a su alta inteligencia o alto estatus y por ello asumen un papel agresivo, entonces vale la pena utilizar el recurso persuasivo que hemos implementado ya que es un detonante que saca lo mejor de la persona que lo utiliza.

## Segundo ejemplo:

En la época en que ocurrieron los acontecimientos, Joseph O. era un hombre de 26 años al que le gustaba mucho sentir la conexión con la naturaleza. Debido a esto, una amiga suya le dijo que le iba a presentar a una chica proveniente de una zona rural cuyos padres eran dueños de una hacienda.

El día en que al señor O. le presentaron a Connie, le pareció haber conocido a la chica que había anhelado conocer a lo largo de su vida entera. Ella tenía 18 años y le faltaba un mes para graduarse en la escuela secundaria. Era rubia de ojos claros y de delicadas facciones, lo cual era una buena razón para que el señor O. perdiera la razón de inmediato.

Intercambiaron teléfonos y quedaron de salir cierto día y allí él iba a tener la ocasión de saber un poco más de ella. No obstante, Joseph incurrió en un error que normalmente no se debe de cometer en una primera cita y fue que empezó a demostrar un excesivo interés y ella lo notó y empezó a comportarse como una granuja.

Ella trataba de provocarlo para que diga alguna cosa inapropiada y lo criticaba por todo. Ante esa molesta situación el señor O. atinó a decirle: «**Se acabó la magia, pensé que eras de otra manera**» y a continuación la fue a dejar a su casa.

Al despedirse ella le preguntó si quería pasar para que conozca a su familia a lo que Joseph se negó y se despidió.

Al poco tiempo Connie se casó y formó su hogar, pero como un yerro del destino, cierto día él recibió la noticia de que ella iba a ser su asistente en sus labores de contador.

El protagonista de esta historia trató de ignorar lo que había pasado, pero ella lo interrogaba a menudo acerca de su vida sentimental. En cierta ocasión le dijo que mientras él estuviera soltero, ella iba a ser su pretendiente y admiradora a lo que Joseph le contestó: «**Tú y yo no podríamos estar juntos, no funcionaría porque somos distintos en muchos aspectos fundamentales**».

Ante esta respuesta ella seguía insistiendo del amor que él le había provocado el día en que le dijo que se había acabado la magia porque ella no era como él pensaba.

Tenga en cuenta de que esta mujer ya estaba casada y que tenía un hijo pequeño, pero ella insistía en el amor que él le había provocado el día que salieron por primera vez.

En este caso el señor O. le dio la soga justa para que se cuelgue ella misma y nunca aceptó sus propuestas y en cuanto se le presentó una buena oferta laboral en otra empresa renunció.

## Cuaderno de tareas

Usted se habrá visto muchas veces en situaciones como la de los protagonistas de estos ejemplos. Le aconsejo que estudie y tenga en consideración éstos pequeños grandes artilugios verbales teniendo en cuenta que se trata de un secuestro mental o flechazo que es una de las mayores fantasías femeninas.

## Apuntes para desarrollar el cuaderno de tareas

Vuelvo a recalcar que este mecanismo es algo que sorprende y asusta a las mujeres y que después de pronunciada la frase la imaginación de ella hará el resto porque es un sistema directo de seducción en donde el hombre manifiesta que tiene un mérito elevado.

Vale recalcar que este es un juego en el que se debe de interiorizar la ejecución en la mente del ejecutante, antes de llevarlo a cabo porque este recurso va a pasar a formar parte de su personalidad a una altura insondable ya que se trata de hacer que el juego sea coherente.

## Algunas frases alternativas para casos como este

- Ya entiendo por qué usas tanto maquillaje.
- Esta es una de las razones por las que la gente habla mal de ti a tus espaldas.
- No eres tan linda como para que seas tan arrogante.
- Que adulto actúa de esa forma.

- Esa no es una conducta adecuada para alguien de tu edad.
- Sé lo que la gente dice de ti y tienen razón.
- Eres muy creativa para inventar tonterías.
- ¿Cuántas copas te has tomado?
- La próxima vez que quieras hablar mal de mí, avísame, conozco cosas terribles de mí que te pueden interesar.
- Mi nombre debe de tener buen sabor porque siempre está en boca de alguien.
- Los chismosos son como los grillos, hacen mucho ruido de lejos, pero se callan cuando alguien se acerca.
- Si lo sabes todo me imagino que sabrás cuándo callarte.
- Al menos soy feliz con mi vida y no ando pendiente de la de los otros.

# CAPÍTULO 3

## Psicología inversa

¿Le gustaría conseguir el amor de una chica que está fuera de su alcance y que a su vez sea ella la que se vuelve dependiente de una relación de pareja? En este capítulo va a tener una respuesta a este interrogante. Veamos el primer ejemplo.

John V. había empezado a trabajar en un punto de venta recién abierto que pertenece a una gran cadena de almacenes.

Para John era su segunda experiencia laboral y el tiempo en ese empleo transcurría al mando de una mujer mayor que él, que a su vez era la jefa de aquella tienda de comercio.

Su compañera era una mujer que siempre estaba de buen ánimo, lo que contribuía a que cada vez llegaran más clientes a aquel establecimiento lo cual dejaba claro el porqué de su nombramiento como cabeza principal de aquel local comercial donde John era el subalterno.

Tras algunas conversaciones comunes y corrientes sin mucho peso ni trascendencia, ella le confesó algunos de sus inconvenientes domésticos y eso hizo que nuestro amigo se ganara un poco de su confianza.

Con el paso de los meses siguieron hablando de la vida de ambos y nuestro amigo logró edificar cierta familiaridad con aquella mujer que era algunos años mayor que él. Entre otras cosas, se dio cuenta que era muy meticulosa en su trabajo e igual lo era en sus estudios de post grado que seguía por ese entonces. Quizá debido a eso la veía con cierto nerviosismo y además sentía que ella poseía una belleza intimidante e inalcanzable para él, pero a medida que pasaba el tiempo ella se iba soltando un poco más.

El señor V. era un hombre muy tímido y nunca había estado a gusto ni con su apariencia ni con sus logros profesionales ni estudiantiles. Ella por su parte era una mujer moderna y educada, así como muy hermosa.

La jefa era madre de dos hijos adolescentes y el padre de los chicos era un hombre de inferior condición y con poca escolaridad que se encontraba en la desocupación y no aportaba nada para los gastos de sus hijos y nunca se había casado con ella.

A los 24 años el señor V. odiaba ser tímido y con poca capacidad para sacar adelante su carrera estudiantil (estaba próximo a graduarse en la universidad, pero sin sacar notas altas). No obstante, pensó que aquella mujer iba a quitarle esa timidez que le mortificaba su autoestima.

Su jefa era una mujer de piel blanca, de una estatura media, de cuerpo bellamente contorneado y con un busto de ensueño. En definitiva, era una mujer atractiva que le inspiraba mucha admiración, aunque se puede decir que tenía un fuerte compromiso con el padre de sus hijos.

Además, el señor V. notaba que el lenguaje no verbal de su jefa le decía que estaba deseosa de que le diga algo, así que un día se animó a decirle: **«He tratado de no enamorarme de usted porque es una mujer educada y bella que merece más de lo que yo le puedo ofrecer, pero durante todo este tiempo he empezado a sentir algo especial por usted».**

Ante estas palabras ella le dijo que es una mujer comprometida y que desde que se abrió ese punto de venta otros tres hombres ya le habían hecho la misma propuesta y que no había aceptado ninguna.

Al protagonista de esta historia le parecía normal lo que había pasado, pero se encontraba intranquilo y sentía cada vez más un desamparo vehemente, pero llegó el día de su graduación y publicó en su red social una foto de él con una bella compañera de estudios.

En este punto había logrado redireccionar la interacción con su jefa hacia otro entorno y cierto día ella le dijo: «No me lo puedo creer, pero nunca he pensado que pudiera haberme enamorado de un hombre como usted porque en mis relaciones pasadas nadie me ha generado una atracción como esta que estoy sintiendo ahora».

Ellos empezaron a ser pareja, aunque poco tiempo después ella se vio obligada a renunciar y buscar otro empleo porque las normas de esa empresa no permiten que dos personas que son pareja puedan trabajar allí.

## Algunas precisiones útiles e importantes

- La psicología inversa que aquí se aplicó es un mecanismo en el arte de la persuasión que consiste en enviar un mensaje a la otra persona con el objetivo de que haga lo contrario a lo que se le dice y eso fue lo que ocurrió en el presente caso.
- Que una técnica con la fraseología utilizada en este ejemplo solo se la puede utilizar en una etapa avanzada de la seducción mas no al principio.
- Que el siguiente paso consiste en demostrar con la mayor simplicidad y delicadeza posible de que somos de aquellas personas que ponen en práctica lo que dicen.
- En este caso el protagonista fue abierto y dijo lo que pasaba por su mente, o sea pensó en voz alta y además demostró que no es un tipo que se guarda sus sentimientos.
- Puede percatarse de que al señor V. no le importó lo que piense ella y por eso sus miedos desaparecieron.
- Las mujeres sienten un gran respeto por aquellos hombres que no se amedrantan ante la posibilidad de un rechazo.

- Si no se consigue que ella nos acepte, por lo menos sentirá más respeto por nosotros.

- Si somos hombres con deficiencias por demás evidentes, esta deficiencia nos ayuda acortar el camino hacia su corazón.

- Nuestra actitud de hablar de ese tema adverso con franqueza nos hará ganar puntos extra en forma inmediata.

- Al haberle dicho que es demasiado atractiva para el señor V, ella sintió que la rechazaba por su hermosura, o sea por aquel atributo que tanto hechizaba a los hombres y así se pudo diferenciar de los otros hombres que la pretendían.

- Ella sintió el deseo de demostrar al señor V. que estaba equivocado y que ella se sentía involucrada en aquella situación.

- La chica se sintió cautivada por la vulnerabilidad de John y por eso lo persiguió con mucho ímpetu.

- Un hombre puede ser feo y de escasos recursos económicos, pero si tiene confianza en sí mismo, tiene altas posibilidades de ganar en esa interacción.

- En este caso la vulnerabilidad fue el instrumento que se utilizó para capturar el interés de esta mujer.

- Vale recalcar que no se trata de jactarse o pavonearse de una debilidad (no se le puede decir a la chica: «Me da tanta pena mi situación») eso no funcionará en casos como este.

- Sin embargo, revelar una flaqueza de una forma explícita y directa tiene un misterioso y cruel efecto en las mujeres que al final nos ven más deseables a sus ojos.

- La técnica consiste en 1) decir algo desfavorable sobre nosotros mismos, y 2) decir que esa es la razón por la que no podemos estar juntos.[3]
- En esta, al igual que otras técnicas, el desarrollo de los acontecimientos tiene lugar en la mente de la chica ya que se trata de alucinar a una mujer mostrando un lado débil.
- Debo de subrayar que a esta técnica no la podemos convertir en un hábito porque estaríamos cayendo en la manipulación lo que constituye un comportamiento tóxico.

## Segundo ejemplo:

Hace un poco más de un año, a Jacinto U. le gustaba mucho la novia de su jefe. Cierto día ella lo dejó y el señor U. empezó a albergar la esperanza de que quizá ella y él pudieran establecer una conexión de tipo romántico. Veamos el relato de los acontecimientos contados por el mismo señor U:

«Para ser honesto, yo estaba feliz de que ella lo haya dejado porque me gustaba mucho y quería encontrar algún artilugio útil para que podamos ser pareja».

«Cierto día teníamos que reunirnos con ella para hacer un trabajo, pero en cuanto el exnovio lo supo se puso molesto e impidió que hiciéramos aquella tarea laboral y yo le dije que iba a ponerme en contacto con alguien de la oficina para hacer esa labor y ella me pidió que la disculpara por fallar de esa manera, así que le dije que no tiene que actuar en cierta forma o ver las cosas desde mi punto de vista para que yo pueda estar completamente feliz y que podíamos seguir siendo **amigos**».

_______________

3. Orraca, Andrés. *El Macho Seductor, e-book*. Pág. 91.

«Yo había visto en los cursos que la palabra amigos es una de las armas más letales para la seducción y que es tan mortífera como la bomba atómica, pero que hay que ser congruente entre lo que se dice y la manera como se actúa porque si se falla en la prueba perderemos, y una vez que se ha puesto en marcha esta técnica ya no hay marcha atrás y debemos dejar que sea la fantasía de ella la que haga todo el trabajo».

En este caso el señor U. me ha deleitado con una narración que quienes la oyen y ya han experimentado con este recurso saben que es por demás eficaz el poder de la negación y la palabra «**amigos**». Si se la usa de manera adecuada, este vocablo puede hacer un milagro y la mujer estará dispuesta a mentirse a ella misma acerca del hombre con el que están, y ellas quedarán fascinadas con la seguridad del hombre que ha pronunciado la palabra «amigos» (sobre todo si es que la chica tiene una pareja en ese momento).

Al final, ella y el señor U terminaron siendo pareja sentimental, aunque perdieron el empleo que tenían en aquella compañía.

## Algunas plantillas alternativas para usar esta técnica

- Ya no continuemos viéndonos.
- Esto te puede meter en serios problemas.
- No te preocupes, no estoy hecho para ti.
- Haríamos una fea pareja.
- ¿Me estas queriendo decir que quieres tener una aventura conmigo y soy tan estúpido que no me doy cuenta?
- Yo no sería una buena pareja para ti.
- No deberíamos estar juntos porque me han lastimado mucho en el amor.
- En realidad, me gustas, pero me resisto a estar contigo porque te mereces a un hombre mejor.

- Créeme, es mejor que no sepas lo que hay en el interior de mi corazón.
- Estoy más que convencido de que no soy tu tipo.
- Puedo pasarla bien con muchas personas, pero mi corazón está muy lastimado y ya no puedo enamorarme de verdad.
- No quiero que me ames ni que pienses en mi ni que me busques.
- No te vayas a enamorar de mí.
- Esto que te voy a confesar necesito que me asegures que no va a salir nunca de aquí.
- No le voy a gustar a tus padres y no les quiero hacer pasar un mal rato.
- Definitivamente, no soy el hombre conveniente para una chica tan linda como tú.

## ¿En qué circunstancias utilizarla?

1. Si el despiste y el nerviosismo se apoderan de usted cuando está frente a una mujer que lo ha dejado fascinado.
2. Si la presencia de una mujer de un nivel más alto al de usted le genera un complejo de inferioridad.
3. Si siente que una mujer es tan hermosa que hace disminuir su intelecto.
4. Si usted empieza a salivar por la presencia de una mujer que le ha hecho perder la razón.
5. Se lo puede usar en aquellas circunstancias en que usted note que la mujer no se resigna con el estado corriente y ordinario de su vida actual y que por ello se encuentra en la búsqueda de un goce exagerado ya que lo que más desea es infringir los límites de una actual realidad mediocre.

## ¿Con quiénes utilizarla?

- Con cualquier mujer que haya capturado su atención.
- También sugiero usarlo con una mujer con talento, con formación académica superior o con un empleo con un alto grado jerárquico.
- Recomiendo también tenerlo presente si es usted un hombre al que lo han educado bajo los lineamientos de la antigua escuela y tiene que enfrentarse con mujeres del siglo XXI.
- Puede notar que este recurso puede ser visto como inofensivo a simple vista.
- Si usted se siente perdido en cuanto a una mujer a la que quiere enamorar y no sabe cómo tomar el dominio de la situación.

## Cuaderno de tareas

Utilice las frases alternativas o plantillas e investigue sobre otras que pueda ver en internet y empiece a fantasear con varias posibilidades, pero recuerde que lo más importante es que el juego tiene que llevarse a cabo en el interior de su mente antes de salir al mundo real.

## Algunas sugerencias para llevar a cabo el cuaderno de tareas

Una de las motivaciones para desarrollar el cuaderno de tareas es que aparte de mejorar los resultados con aquella mujer que tanto le gusta, usted no tendrá gastos exagerados como consecuencia de tener una pareja. Aunque vale la pena destacar que una vez que empiecen a ser pareja usted no se puede comportar como un tacaño.

Piense también que para ejecutar este procedimiento con eficacia se requiere que usted sea completamente honesto y eso lo va a adiestrar en algo más meritorio que la misma técnica porque le va a enseñar a ser un hombre íntegro.

Vale recalcar que lo que se busca aquí es que su personalidad resulte atractiva a la chica y que en la mente de ella usted ocupe un lugar de supremacía y este recurso persuasivo, si es bien ejecutado, le va a proporcionar a usted un airecillo de deseabilidad. En otras palabras, encarnará el papel del amante ideal es decir ese rol tan raro y difícil de encontrar en el mundo moderno, pero recuerde que esa representación requiere de esfuerzo y por eso se vuelve imprescindible desarrollar de forma adecuada el cuaderno de tareas.

# CAPÍTULO 4

## Una buena forma de dar el primer paso con la chica que nos gusta

Lucas P. había pasado la barrera de los 50 años y para el mundo de las mujeres parecía que se había convertido en el hombre invisible porque las que pasaban cerca de él no notaban su presencia.

Era difícil para Lucas entender que el tiempo había transcurrido y encontrar pareja a esa edad ya le parecía algo inalcanzable. Dicho de otra forma, sufría una desconfianza en sí mismo que ya se le había vuelto muy arraigada.

Incluso en sus años mozos no fue bueno en la conquista de chicas y titubeaba mucho a la hora de tratar de iniciar un romance con alguna mujer que le llamaba la atención.

Cierto día iba en su auto rumbo al trabajo y en la acera de una casa divisó a una mujer que al mirarla con mucha vehemencia hubo un momento en que tuvo que frenar con brusquedad para no chocar con el vehículo que iba al frente. Era una mujer rubia que llevaba un short muy corto que dejaba ver sus hermosas piernas blancas y una blusa muy atrayente.

«¿Cómo es posible que yo haya perdido el tino de esa manera?», se dijo a sí mismo, «debe de estar bordeando los veinte y pico de años y podría ser mi hija», pero los pensamientos sobre aquella mujer lo perturbaron durante todo ese día.

Al día siguiente a la hora del almuerzo se dirigió a un restaurante cercano a la casa donde había visto a la chica. Se estaba preparando para la consumación de un hecho que lo entusiasmaba y averiguó quién era ella y, por fortuna descubrió que era cuñada de un conocido suyo, así que le pidió a ese amigo que la invite a una salida en grupo para poder conocerla, pero había un pequeño gran inconveniente: ¿qué podía hacer para lograr capturar su atención? después de mucho leer y consultar conmigo sobre varias alternativas sobre el tema mi amigo decidió que lo mejor era usar un nega.[4]

Llegó el día en que aquel amigo lo llamó para decirle que en la noche del viernes de esa semana él iba a salir con su esposa y su cuñada a una velada en un restaurante especializado en asados y que esa era la oportunidad para que Lucas pueda conocerla.

Cuando la conoció, la chica empezó a preguntar sobre el motivo que lo había animado a querer conocerla a lo que el señor P. le dijo: «La verdad es que hace unos días atrás vi a una mujer muy hermosa por la calle por dónde vives que me dejó deslumbrado, pero ahora que lo analizo bien creo que tú no eras esa chica».

Frente a esta respuesta la hermana de esta mujer se apresuró a decir que sí era la misma y que tal vez él estaba confundido, ante lo cual el señor P. sonrió y le dijo que quizá sí era la misma, pero que para ser honestos él no estaba buscando a una mujer más joven para luego ser visto por la gente como un hombre que piropea o mira con lujuria a jovencitas a lo que la chica le contestó que para el amor no hay edad.

Después de esa velada, el cuñado de la joven lo llamó para ver la posibilidad de volver a salir, a lo que el señor P. le dijo que, si su cuñada quería verlo, él le aconsejaba que lo llame para acordar una salida, así lograron entablar una gran amistad y luego de unos meses Lucas y la chica empezaron a ser pareja, pero veamos el relato contado por el mismo protagonista:

«La chica me había hechizado desde el primer instante, pero tenía que mostrarle sensatez y auto dominio, así que lo que menos quería era lastimarla y me abstuve de seguirle diciendo

---

4. Un nega es aquello que una mujer piensa en primera instancia que es un cumplido, pero que luego de analizarlo con detenimiento no resultó como imaginó al principio. Su sigla en inglés es «negative cumplimét» o cumplido negativo.

que con un poco más de tiempo y paciencia ella podría encontrar a un hombre mejor».

«Yo conozco muy bien las faenas adversas que puede tener el amor, pero ahora ya no puedo vivir sin la compañía de esta mujer».

## Segundo ejemplo:

Hace varias décadas atrás, el rey Eduardo VIII de Inglaterra se enamoró de la ciudadana estadounidense Wallis Simpson, mujer divorciada en dos ocasiones que conquistó el corazón del soltero de oro de esa época y que a su vez abandonó el trono con el fin de casarse con ella.

Margaret Ken relata que esta mujer fue presentada al rey en Washington y al verlo le dijo: «Toda mi vida he deseado ser presentada a un rey, pero ahora que estoy frente a usted me siento sumamente defraudada».[5]

Esta frase quedó grabada en la mente subconsciente del rey a tal punto que quiso volver a verla y a partir de allí sintió un amor demencial hacia aquella mujer. Demás está decir que finalmente se casaron.

Una cosa que hay que reparar es que un nega como este puede suponer una herida mortal para la persona que la recibe, por tal razón aconsejo utilizarla con cautela si es que desea llevarla a la práctica, aunque una manera más suave de decirlo puede ser: «Se ve mejor en fotos que en persona» (si se trata de una figura pública).

Por otro lado, considero que el saldo de la historia hubiera sido diferente si es que el rey le hubiera contestado: «**Es curioso, esa misma frase ya me la han dicho 3 chicas en esta semana, parece que se han puesto de acuerdo**».

---

5.   Ken, Margareth (1992). *Como casarse con el hombre soñado*. Primera Edición, Editorial Aguilar, Nueva York, Pág. 66

## Algunas precisiones útiles e importantes

- El nega tiene la ventaja de que demuestra poco interés y aquí de lo que se trata es de confundir un poco a la chica que nos interesa.

- Esta técnica psicológica posibilita que la chica se haga voluble y consiste en hacer un aparente cumplido a una mujer, pero de manera sutil se incluye un aspecto negativo que bajará poco a poco sus defensas, lo que hace aparecer al hombre unos escalafones más arriba que la chica.

- El nega es un cumplido que incorpora un aspecto negativo, pero bajo ningún punto de vista las cosas pueden ser al revés, o sea la parte negativa no puede ser la dominante. Esto es fundamental para que nos proporcione un buen resultado, por eso sugiero que se lo haga con sutileza y que no se abuse de este artilugio.

- El nega tiene la apariencia de infantilismo o metida de pata de parte nuestra, en donde se ofende a la chica sin la aparente intención de hacerlo, y queda en duda si se lo hizo con intensión o no, por eso es necesario usarlo solo una vez y no dos o más veces.

- Con el nega ella baja sus defensas porque no parece que el hombre trata de conquistarla, lo que coadyuva a que ella esté más abierta debido a la curiosidad que genera, porque denota que quien pronuncia un nega no busca ningún tipo de romance.

- El fin que persigue este recurso es crearle la duda de si estamos interesados en ella o no.

- Otro fin que persigue este recurso es que ella no nos vea interesados en exceso.

- Se trata de conversar sin mencionar en absoluto su belleza (excepto si es que es ella la que inicia la conversación sobre este tema).

- Con este mecanismo se puede fingir indiferencia y ella no captará nuestras verdaderas intenciones.
- Si hemos trabajado bien, ella empezará a tomar un poco la iniciativa y nosotros podemos darnos el lujo de dejar de ser los atacantes.
- Que este recurso nos ayuda a estar más relajados en toda la interacción.
- Que una vez que se ha instaurado en la mente de ella el deseo de un deleite exagerado, para ella le será imposible interrumpir la interacción y de allí en adelante lo que se puede hacer es conducirla más allá de lo que ella se imaginó en un inicio y ésta será una emoción de culpa dividida entre ambos que instaurará una potente atadura emocional.
- Hay infinitas posibilidades en las que una mujer nos puede superar, puede ser en ingresos económicos, prestigio, notoriedad, reputación, éxito, popularidad, preparación académica, dominio de alguna destreza en algún deporte, etc. Todos son modos en que ellas se pueden sentir especiales por algún tipo de poder y allí vale aplicar un nega.

## ¿Con quiénes utilizar esta técnica?

1. Con mujeres bellas y que a primera vista parecen inalcanzables.
2. Con mujeres que están fuera de nuestro alcance ya sea porque se encuentra algunos peldaños más altos en la escala social o porque su belleza le parece intimidante.
3. Con mujeres con ego excesivo.
4. Si usted se ha interesado en una mujer que está en constante búsqueda de aprobación.
5. Con mujeres con un aura de superioridad.

6. Con mujeres con una opinión distinta a la suya en algún aspecto que despierta suspicacias apasionadas.

7. Mujeres que ignoran que son igual de vulnerables que los demás.

## ¿En qué circunstancias utilizarlas?

1. Si es usted de aquellos que dudan, tiemblan y tartamudean frente a una mujer demasiado hermosa.

2. Si usted no tiene la suficiente osadía para acercarse a una mujer.

3. Si usted se encuentra cansado de sufrir rechazos de parte de las mujeres.

4. Si se siente intimidado con una mujer a la que ve superior por algún rasgo de su personalidad.

5. Si le resulta complicado entablar contacto con mujeres.

6. Si usted en el ámbito aceptado por mujeres.

7. Si es de los que nunca se atreven a dar el primer paso.

8. Si es de los que no quieren intentar nada porque está seguro de que va a fracasar.

9. Si las mujeres bellas le parecen estresantes.

## Algunas plantillas alternativas de negas

- Tienes los dientes manchados de labial.

- Eres una mujer moderadamente atractiva.**

- ¡Qué bonito suéter llevas! ¿Es mi imaginación o te queda un poco grande? Bueno, no importa te ves sensacional.

- ¿Por qué yo y no el de al lado?

- Que bien vestida que vienes, ¿quién te encogió la ropa?

- Te ves mejor en fotos que en persona (a mujeres que son figuras públicas y las encontramos en la calle).

- Ese tatuaje es muy común.

- Antes te veía de otra manera y ahora te veo más normal.**
- De lejos te ves de otra manera y aquí te veo más normal.**
- ¡Oye! Es curioso, parpadeas mucho ¿verdad?
- ¿Es ese el color natural de tu cabello?
- Esos zapatos se ven fabulosos. Apuesto a que eran bonitos cuando nuevos.
- Felicidades por ese suéter. Te da un aire de más robustez.
- No digo para nada que no seas atractiva. A algunos hombres le gustan las mujeres con lunares (bajitas, gorditas, etc.).
- Es sorprendente, me recuerdas un montón a mi mejor amigo.
- <u>Usted</u>: ¿te gustan los animales?

  <u>Ella</u>: me encantan.

  <u>Usted</u>: lo intuía, he observado que las chicas de naturaleza encantadora y dulce como tú casi siempre le gustan los animales. ¡Lástima que seas tan jovencita (mayor)!
- <u>Usted</u>: ¿siempre has sido inteligente y divertida?

  <u>Ella</u>: Sí, bla, bla, bla.

  <u>Usted</u>: lo intuía, he observado que las mujeres con un carácter como el tuyo son inteligentes y divertidas. Lástima que seas tan mayor (joven).
- <u>Usted</u>: ¿qué has hecho para crearte esa personalidad tan atrayente?

  <u>Ella</u>: bla, bla, bla.

  <u>Usted</u>: lo intuía, he observado que la gente con ascendencia rusa (hispana, del llano, de la costa, etc.) tiene una característica (se le toca el cabello), y es por eso es que yo no me inclino por ese tipo de chicas porque son muy vanidosas.

- Usted: ¿cómo haces para tener esa armonía estética que salta a la vista?

  Ella: bla, bla, bla.

  Usted: lo intuía, todas las chicas de los colegios particulares caros son siempre así. Como sabes, solo tenía un par de minutos, pero volveremos a hablar en otro momento.

- Usted: ¿siempre te ha inundado la curiosidad por obtener nuevos conocimientos?

  Ella: bla, bla, bla.

  Usted: sí, he visto que te has preocupado de cultivar siempre tu intelecto, lástima que este tipo de personas nunca tienen tiempo disponible para hacer las cosas que realmente valen la pena.

- Usted: ¿cuál es tu secreto para lucir tan bien?

  Ella: bla, bla, bla.

  Usted: eres una mujer que cuida mucho su apariencia, pero a veces eres vanidosa en exceso.

- Las blusas con ese tipo de elástico son muy engañosas.

- Que senos tan fabulosos tienes. ¿Son reales?**

- ¡Qué dientes tan hermosos tienes! ¿Son postizos?**

- Tu cabello luce lo más normal posible.

- ¿Eres así de ocurrida todo el tiempo o solo ahora?

- Para que te vea bien tienes que regresar después de que me haya tomado 3 cervezas.**

- Tus cejas hacen un movimiento extraño cuando hablas. ¡Di algo!

- Tu nariz se mueve cuando hablas. Di algo.

- Me gustan las chicas con pelo corto (si ella lo tiene largo).

- Lo siento te he confundido con una chica que tiene el pelo muy común. ¿Sabes?

- Que bien maquillada que vienes, ¡es curioso!

- Se nota que tienes mucho carácter ¿fuiste lista en tu infancia?
- Se nota que vas al gimnasio, eres muy robusta.
- Creo que el pelo te queda mejor suelto (si lo tiene recogido).
- Te ríes como mi mejor amigo. ¡Me gusta!
- Tienes los labios resecos deberías de ponerte labial.
- La blusa que llevas es fabulosa. La he visto 3 veces hoy. ¿Es moda o no?
- Es una blusa fabulosa, se la he visto puesta a un par de chicas.
- Tienes algo en la nariz. No afuera, justo adentro.
- Me gustan las mujeres a las que se le ven los huesos. Se ven tan saludables.
- Perdona, no sé si alguien te ha dicho esto antes: tienes una lagaña.
- Me encanta tu perfume, pero creo que te has puesto demasiado.
- ¡Hey! ¿tuviste una guerra de perfumes o qué?
- Si fueras más alta (baja) serías perfecta.
  Usted. Aquí tienes una servilleta.
  Ella: ¿para qué?
  Usted: para que te limpies la nariz, la tienes sucia. Tranquila, no te sientas apenada, eres humana y estas cosas pasan.
- Eso es algo que no te lo puedo preguntar a ti sino a alguien que sepa vestirse bien.**
- Tienes la cabeza hecha un desastre así que no creo que nadie te busque.
- Oye, que hermoso pelo ¿es natural?
- Oye que bonito collar. Es idéntico a uno que tenía mi abuela.
- Me gusta tu falda, Se ven muchas últimamente.

- Esos zapatos tienen pinta de ser muy cómodos. (si son viejos)
- ¿Es ese tu perfume o estas tomando alguna medicina?
- No me toques te acusaré por acoso sexual
- Me gusta tu bronceado ¿hace tiempo que no te bañas?
- ¿Qué son esos flotadores? ¿tienes miedo de ahogarte?**
- ¿Eres o te haces?
- Eres una chica simpática, lástima que no seas mi tipo.**
- No creo que tú y yo nos podamos llevar bien, somos demasiado parecidos.**
- Nunca salgo con chicas Aries.**
- ¡Hey, trigueñita! Sal de allí que no me dejas ver a la rubia.**
- Te has traído las cortinas de tu casa si se pone un vestido fuera de lo común.
- ¿Por qué haces que la gente tenga que mirarte a la fuerza? (Si se pone ropa sexi).**
- Tu no sales mucho, ¿verdad?
- Discúlpame, pero no te pregunté a ti.
- <u>Ella</u>: no siempre he sido bonita.
  <u>Usted</u>: ¿Y ahora sí?**
- ¿Siempre eres así?
- <u>Ella</u>: ese señor dice que soy bonita.
  <u>Usted</u>: tiene que ir al oculista.
- ¿Hace tiempo que se conocen? (Si entre dos chicas le hacen a usted bromas pesadas).
- En definitiva, tú y yo nunca podríamos estar juntos.**
- Yo nunca hago eso en una primera cita.
- Qué bonito suéter, se parece al de mi perrita.
- Me encanta tu pelo, aunque mejor peinada quedarías perfecta.
- <u>Ella</u>: que feo tengo el pelo hoy
  <u>Usted</u>: no me eches a mí la culpa.
- <u>Ella</u>: que fea está la de la foto.
  <u>Usted</u>: hace un momento la confundí contigo.**

- ¿Cómo hiciste para no enloquecer a tus padres?
- ¿Por qué las mujeres solo piensan en eso? (Si hace un comentario sexual).
- ¿Eres inteligente?
- ¿Tienes muchos amigos?
- ¿Quién te cortó el pelo de esa manera? Parece que te hubiera mordido un burro. Es broma amiga.
- Sabes tengo un amigo que le gustan las mujeres con tú físico. Si quieres te lo presento.**
- Desde que aparecieron los cirujanos plásticos, la belleza se ha vuelto muy estandarizada.
- Me encanta tu peinado, te disimula muy bien ese lunar que tienes en la frente.**
- Antes te veías mejor que ahora.**
- Te asienta bien el color negro. Te hace lucir más delgada.
- Con esa falda te ves súper delgada.
- <u>Usted</u>: lindo el color de tus ojos, deberías de ser modelo de lentes de contacto, pero dime ¿es ese el color natural de tus ojos?
  <u>Ella</u>: sí claro
  <u>Usted</u>: te felicito (si dice que no, entonces se le dice «ya te iba a felicitar»). Aconsejo usarla cuando vamos al servicio al cliente de alguna compañía y si la chica que nos atiende tiene unos lindos ojos.
- <u>Usted</u>: no puedo menos que admirar lo bien cuidadas que tienes tus uñas, deberías de ser modelo de *manicure*, pero dime ¿son tus verdaderas uñas?
  <u>Ella</u>: sí, claro.
  <u>Usted</u>: te felicito (al igual que la anterior, yo la uso con las recepcionistas de instituciones con las que casi no hay tiempo ni oportunidad para hablar mucho con ellas).

- Estas hecha una buena fiestera. Mira nomas esas ojeras (a veces lo he puesto en las redes sociales a alguna chica que publica alguna foto en que se le notan las ojeras).
- Me encanta tu cabello, me recuerda mucho al nido de un pajarito.
- Lindos lentes de contacto ¿dónde los compraste?
- Que gran trabajo hizo el cirujano estético. Te dejó regia.
- Me encanta el maquillaje que llevas, te disimula mucho las espinillas.
- Con ese pantalón te ves fabulosa. Te quita un montón de libras de más.**
- Se te ven regios esos zapatos con tacones, te hacen ver más natural.
- Me encanta tu nuevo corte de cabello, disimula muy bien la forma imperfecta de tu cabeza.**
- Le toca usted la barriga y le dice: «oye, felicidades».
- Me encanta esa blusa, te hace ver más delgada.
- No digo para nada que no seas atractiva, a muchos hombres les gustan las mujeres con lunares como esos que tú tienes.**
- Me encanta el tono de tu voz, me recuerda mucho a mi abuela que en paz descanse (yo lo he usado cuando una perfecta desconocida contesta el celular en algún lugar público, pero siempre espero a que ella termine de hablar con la persona que la llamó).
- ¿Cuál es tu objetivo de que todo el mundo sepa lo que lees, dónde vas y cuál es tu salario?
- Creí que era un concurso de obviedades. Eres muy competitiva.
- Tus padres deben de estar muy satisfechos de que no estés con ellos en este momento.
- Ya entiendo por qué usas tanto maquillaje

- Deberías tratar de comer un poco de maquillaje para ser más linda por dentro.

** Significa que son auto descalificadores, en donde el hombre baja los brazos y al parecer no quiere nada con ella. Son negas en que nos auto descalificamos o la descalificamos a ella.

## Cuaderno de tareas

Si percibe que la presencia de usted pasa desapercibida, o si se encuentra en una etapa en que quiere fomentar el interés de una mujer de otro nivel, entonces utilice la técnica del nega, pero le aconsejo que no empiece por las ligas mayores, sino que empiece con alguien de bajo perfil antes de ir a un ambiente de alto nivel porque esa es la mejor manera de interiorizar en su mente este audaz mecanismo.

## Algunos indicios para resolver el cuaderno de tareas

Es evidente que el nega va a ser visto por la chica como un insulto impensado e inconsciente, aunque en otras ocasiones será visto como un halago nocivo, pero que tiene como fin alimentar la incertidumbre de la mujer que nos gusta que en circunstancias normales se encuentra algunos escalafones más altos.

Puede percatarse que, este recurso persuasivo tiene como fin atacar un punto fuerte de la chica, o sea que se trata de una ambigüedad que nos permite hacerle creer que aquello que piensa que es su mayor fortaleza, para nosotros es algo que nos causa indiferencia, lo que nos proporciona un aura incomprensible que hará que ella quiera saber más y eso la atraerá a nuestra área de influencia.

Una de las cosas de las que hay que percatarse es que este tipo de desmontajes son eficaces si van dirigidos a la belleza de una mujer, pero también dan buenos resultados sin van dirigidos al poder económico y a veces también a la erudición. No obstante, recuerde que bajo ningún punto de vista se puede abusar de este recurso, o sea, si se usó un nega una vez, usted no puede volver a usar un nega una segunda y peor una tercera vez.

Debo de subrayar que este recurso, si es que se lo utiliza adecuadamente, va a cautivar la imaginación de la chica, haciéndole creer que en nosotros hay algo más de lo que se ve y una vez que ella empiece a ataviar nuestra imagen con un espejismo, su mente quedará aprisionada.

# CAPÍTULO 5

## Alejarse un tiempo

Reynaldo C. se enamoró de una chica a la que consideró la mujer más angelical que haya visto alguna vez. Era una señorita que parecía salida de una fábula y él decidió ser el príncipe azul.

Un día mientras visitaba a un amigo suyo en su casa, advirtió que en la sala tenían visitas. Entre los visitantes había una chica de piel blanca, muy alta de estatura, de ojos claros y no era una mujer cualquiera, era a decir del Reynaldo «el ideal de la perfección femenina». Definitivamente, el amor había entrado por los ojos y su corazón había empezado a latir con más fuerza. Trató de pedirle el número móvil, pero ella se negó a dárselo, cuando indagó con su amigo sobre ella, él le dijo que era la hija de un pastor de una iglesia protestante y que el señor que estaba sentado en el fondo de la sala era el padre de la chica. Con mucho esfuerzo nuestro amigo al final logró obtener el número de teléfono convencional de la mujer que lo había hechizado.

Reynaldo se sentía el hombre más afortunado, así que después de unos días la llamó, y ella misma contestó al teléfono, pero al parecer notaba en el señor C. una intranquilidad que a ella no le gustaba.

Cierto día fue a la iglesia donde el padre de ella celebraba los servicios religiosos y Reynaldo se puso un poco celoso cuando al final del culto vio como muchos chicos conversaban con ella, le hacían bromas y ella se reía mucho. En definitiva, la chica más angelical lo había puesto en un estado de impaciencia.

En otra de las reuniones del culto, la bella chica lo animó a que se una al grupo de jóvenes, los que a su vez hacían muchas bromas que el señor C. no las entendía. En esa ocasión su amada se había puesto una blusa escotada y se había arreglado más que en otras ocasiones. El problema es que nuestro amigo no hablaba mucho y una de las chicas le dijo: «Reynaldo baja de esa nube que nosotros estamos acá abajo conversando» y todos se burlaron de él, pero el señor C. les dijo: **«Me pagan bonos extras por actuar como si esto no me importara».**

Desde ese día el señor C. dejó de asistir a aquella iglesia y también dejó de llamarla. Sin embargo, supo por parte de su amigo que los había presentado que en la iglesia ya no tenía la intensión de coquetear y que recriminaba a sus padres porque le habían prohibido conversar e impedir que ella pueda entablar una relación con alguien de una religión distinta a la de ellos. Además, se había alejado de los amigos con los que se reía a carcajadas.

El señor C. notaba que quizá ya no era amor, sino que el descontrol se había apoderado de su amada. Así que esperó unas semanas más y fue a aquella iglesia y se sentó en un *mezzanine* donde no había nadie más y la chica perfecta divisó su presencia.

Al finalizar el culto ella lo buscó para preguntarle por el motivo de su alejamiento porque lo había extrañado. Ese día Reynado y ella empezaron un noviazgo que no duró mucho tiempo porque a su padre lo trasladaron a otra ciudad. Aunque unos años después se volvieron a ver y reanudaron su relación. En la actualidad son una pareja de felices esposos.

## Algunas precisiones útiles e importantes

- Desde el punto de vista de ella, esto significa ir por el camino de la innovación en donde hacer algo osado e inadmisible para la sociedad a ella le resulta atrayente.
- Este mecanismo se asemeja a la técnica del silencio del capítulo 1 pero, aquí no se recurre a la mudez, sino que se le dice algo antes de retirarnos.
- El problema de Reynaldo era que la belleza de aquella mujer le imposibilitaba ver lo que había en el interior de ella.

- Uno de los mayores errores que se pueden cometer en casos como este es pensar que una mujer es irreemplazable.
- Se hace imperioso insistir en que la belleza que nos entra por los ojos no nos puede obstruir el cerebro.
- Cuando tengamos que alejarnos de la chica se vuelve imprescindible eliminarla del WhatsApp o de cualquier tecnología que se encuentre vigente en ese momento, porque eso equivale a ponerle un detective las 24 horas del día y los 7 días de la semana y que ella a su vez tenga esa misma posibilidad con nosotros y por supuesto, que ella controle todos nuestros movimientos.
- Si ella nos ve online, tenga la seguridad de que las mujeres tienen un sexto sentido para codificar cualquier tipo de movimiento de parte de nosotros.
- Vale la pena subrayar que por medio de estas tecnologías nosotros le facilitamos la labor de control que ellas pueden ejercer sobre nosotros y sobre lo que hacemos y lo que no hacemos.
- No permitir que ella se ponga severa con el tema de seguir siendo amigos.
- Advierta usted que desvincularnos de ella es la única manera de que nos estime si es que quiere volver.
- Vuelvo a recalcar que la palabra más siniestra en estos casos es la palabra «amigos».[6]

## ¿En qué circunstancias utilizarla?

- Si usted nota que una mujer lo está subyugando y conduciéndolo a un deterioro anímico.

---

6. En el capítulo 3 hablamos de la palabra «amigos», pero allí se la utiliza en otro contexto.

- Cuando la relación le provoca intranquilidad y fatiga.
- Cuando usted trata de acoplarse a la chica para tratar de demostrarle de que ciertos aspectos de su comportamiento no lo fastidian.
- Cuando la relación llegó a una situación en que ambas partes se angustian más de lo que disfrutan.
- Si usted ya no es el mismo y le cuesta aceptarse y que lo acepten.
- Si tiene la sensación constante de que algo no marcha bien.
- Si ha dejado de hacer lo que antes le agradaba y ha dejado de animarlo aquello que antes lo motivaba.
- Sus hábitos diarios se ven inmersos en conflictos y discusiones.
- Si no se siente útil.
- Si con la manera de ser de ella nos amargamos permanentemente y además usted se siente achicado.
- Si se distancia de aquellas cosas que siempre han sido de su agrado.
- Si está en su compañía se siente afectivamente alejada de usted.
- Si ella lo desacredita directa o indirectamente y descubre a cada rato que usted no hace nada bien según el criterio de ella.
- Si su vida empezó a rotar alrededor de ella y vive concentrado en ese idilio y sus demandas.

## ¿Con quiénes utilizarlo?

- Con mujeres que nos hacen pequeños desprecios de manera constante.

- Con aquellas que demuestran su agresividad de una manera ingeniosa con entorpecimientos casi indetectables.
- Con mujeres que demuestran con regularidad animadversiones hacia usted.
- Con mujeres que apelan al desprestigio suyo para crearle una situación de vergüenza pública.
- Con mujeres a las que el maltrato o desvalorización de su pareja las hace sentirse superiores.
- Con aquellas que muestran un deseo de vasallaje déspota hacia usted.
- Con mujeres que cometen errores de manera pertinaz e intencionada, culpándolo a usted siempre de cualquier revés.
- Con aquellas que se quejan seguido de ser menospreciadas y defraudadas por parte de usted.
- Con las que muestran descaro o desanimo todo el tiempo.

## Algunas plantillas alternativas para casos como este

- Esta es una de las razones por las que la gente habla mal a tus espaldas.
- Desafortunadamente no tengo una respuesta adecuada para alguien de tu edad.
- Esa no es la conducta apropiada para alguien de tu edad.
- Mejores personas me han dicho cosas peores.
- ¿Te das cuenta que la gente solo te tolera?
- Lástima que no puedas usar el Photoshop para tu personalidad.
- Deberías de comer un poco de maquillaje para ver si te pones linda por dentro también.

- Eres una de las razones por las que el mundo está lleno se señales de advertencia por todas partes.
- Tengo mejores cosas en las que perder el tiempo.
- Eres una persona muy creativa para inventar tonterías.
- ¿Cuántas copas te has tomado?
- A veces admiro mi capacidad de soportar a gente que merece una patada en el fundillo.
- Gracias por mostrarme lo malvada que puede ser la gente.
- No hables si no puedes mejorar el silencio.
- No eres lo suficientemente linda para ser tan idiota.
- He recibido peores ofensas de la abuelita cristiana de mi vecino.
- No podía faltar la nota ridícula.
- Si lo que quieres es criticarme no hace falta que seas tan agresiva.
- Tienes el aparato digestivo invertido.
- Cuaderno de tareas
- Cuando se encuentre en una situación en que ve que una mujer muestra un cinismo que pasa inadvertido para muchos, pero no para usted y que ella ha perdido de vista el concepto de lo que es tener un respeto mutuo, aplique esta técnica. Es probable que usted se identifique mucho con algunos de los párrafos que aquí he anotado y hasta le parecerá que se trata de usted de quien he estado hablando, y que quizá habré contratado un detective privado para que vigile todos los movimientos de usted. No obstante, son casos que van a parecer en algún momento y le aconsejo a que esté preparado para esta situación.

## Cuaderno de tareas

Aquí se vuelve imperioso devolver los agravios volviéndonos indiferentes y eso hace aumentar la carga emocional en los pensamientos de la mujer amada.

Vuelvo a destacar que en un principio ser amable puede traerle algún tipo de simpatía porque es algo apaciguador y asimilable, pero ser demasiado benévolo puede alejar a la chica de usted y allí se vuelve imperioso crear un poco de incertidumbre.

Para estos casos crear un poco de angustia, intranquilidad y suspenso es necesario para que aparezca el verdadero amor.

Puede percatarse que es su obligación crear esa incertidumbre en la mujer amada y conducirla a una montaña rusa de emociones para que la seducción sea óptima.

Por último, aconsejo que evite la pavorosa rutina de eludir el conflicto porque esa conducta no lo conducirá al lugar donde quiere llegar.

## Algunos indicios para desarrollar el cuaderno de tareas

Un error común en las relaciones amorosas es ser demasiado considerado. Esta benevolencia puede ser vista como fascinante en algunas ocasiones, pero pronto se volverá rutinaria lo que lo hará ver a usted como dudoso y torpe.

# CAPÍTULO 6

## Cómo contestar a un insulto sin usar groserías y a su vez conseguir el amor de la chica que tanto le gusta

Según el sitio *Infobae.com*,[7] de un sondeo norteamericano, entre 2500 hombres encuestados, el 29 % confesó haber sido agredido físicamente por mujeres.

Debo de resaltar que la crueldad no tiene género. Hay personas que sin importar el sexo al que pertenecen, que resuelven sus disputas de forma violenta y otras personas que no, y no podemos criminalizar a un solo género por la violencia.

En estos casos no se ve como salida recurrir a los tribunales porque después todo el mundo se pone contra el hombre, además de que vale destacar que este tipo de conducta de parte de una mujer debilita la autoestima del hombre que recibe el agravio, y por eso se hace imprescindible utilizar respuestas como las que vamos a ver en el presente capítulo.

### Primer ejemplo:

Jorge V. se consideraba a sí mismo como un notable cobarde porque le atemorizaban las mujeres que trabajaban en el nuevo empleo que había obtenido hace poco. Su jefe le había encomendado que visite a cierto cliente que era importante para la empresa.

El señor V. estaba cansado de la monotonía de sus temores más profundos y sobre todo de su flojedad con el sexo opuesto,

---

7. https://www.infobae.com/2006/08/26/265975-la-nueva-generacion-muje-res-agresivas/

pero le tocaba hacer una visita en compañía de una ejecutiva muy atractiva con amplia experiencia en aquella empresa.

«Cuando fuimos a esa visita», dijo el señor V., «la mujer que me acompañaba le hizo saber al cliente que yo estaba a prueba en la empresa, pero puedo decir que eso no me amedrentó y pude hacer sin problema la demostración al cliente, y al final logré hacer una venta por un monto considerable, pero después de la demostración la ejecutiva se esmeraba en descubrir mis defectos y me dijo que eso se lo iba a hacer saber al gerente y ante ese vejamen le dije: **"tiene suerte de tener esa apariencia porque de otro modo la gente la ignoraría"**, cuando ella escuchó esa frase, empezó a hablar con rapidez y dijo que me iba a hacer echar del trabajo, y unas pestañas postizas que tenía puestas se le cayeron en ese momento».

«Al retirarse en su coche tomó una calle en dirección contraria y los peatones tenían que esquivarla». Luego ella le contó a una compañera de trabajo que nunca había conocido a alguien que le haya sentir de esa manera».

«Unos días después me puso una solicitud en una red social, pero la ignoré, aunque en el trabajo la saludo cuando la veo».

## Segundo ejemplo:

Oswaldo C. había conocido en una reunión social a una mujer que en un principio se manifestaba como alguien discreta, reflexiva, que aparentaba pasar desapercibida o por lo menos no se inclinaba por el ser el centro de atención y se ruborizaba con facilidad.

Lourdes era una mujer que no expresaba a todo el mundo sus opiniones, por lo que, Oswaldo empezó a sentirse atraído por ella, pero antes de empezar a entablar algún tipo de relación de amistad supo que era una mujer divorciada, madre de dos niños pequeños, que labora en una dependencia gubernamental y que es de la misma edad que él.

Cuando conoció a Lourdes, ella le provocó muchas emociones positivas por la belleza de su rostro, su piel bien cuidada y un semblante fascinante sin ningún tipo de desmerecimiento o imperfección, detalles que a los ojos de nuestro amigo denotaban una marca de refinamiento.

En definitiva, Lourdes era portadora de rasgos considerados como bellos y nuestro amigo halló esa noche la oportunidad de desempeñar sus nuevas habilidades sociales y no fue nada extraño que se volvieran buenos amigos.

Oswaldo se sintió muy afortunado cuando cierto día ella aceptó una invitación para ir a la playa. Aquel día fue testigo de muchas vivencias buenas y malas.

Al llegar a ese balneario y se dispusieron a ir al mar, con el resplandor del sol a ella se la veía con un cabello rubio parecido al de Brigitte Bardot en sus días de mayor esplendor, su piel blanca y sus uñas bien cuidadas la hacían ver más atrayente, pero al ir a almorzar apareció el adefesio más absurdo. Veamos el relato contado por el mismo señor C.

«Me empezó a hablar de todas sus antiguas parejas y de los pretendientes que tenía en ese momento, y de lo atrayentes que eran aquellos hombres —lo que para mí significaba una batalla agresiva—. Además, me dijo que yo debería ejercitarme en un gimnasio para ser como ellos. En ese instante, ella destruyó todo el afecto que yo le tenía».

«Al regresar a casa de ese viaje, me preguntó si yo tenía algo malo como para que no tenga pareja todavía. Estaba convencida de que yo tenía algo funesto para no tener a nadie en mi vida y que mis oportunidades eran escasas a lo que le contesté: **"quizá puedas conocer a alguien que pueda quererme y nos puedas presentar y que posiblemente esa chica no sea tan cruel como tú"** ante lo cual me dijo que yo no era el hombre adecuado para nadie y le contesté: **"Te voy a dar una carta de presentación diciendo que no soy bueno para nadie y así le**

**puedes decir a todo el mundo que no estoy apto para ser pareja de nadie**"».

«Pienso que no volverle a dirigir la palabra y restringirme tan solo a poner las manos sobre el volante con una mirada en donde al parecer mis pensamientos estaban a mil kilómetros de distancia y desinteresado a todo lo que me dijera. Fue un buen punto de partida para darle un viraje a aquella desagradable escena».

«Yo estaba actuando adrede y ella por su parte no sabía hacia donde le apuntaba la nariz porque esto que estaba pasando era opuesto a lo que había pasado hasta hace unas horas antes, era un cambio de 180 grados».

«Aun cuando ella había sido por demás desconsiderada conmigo no quería que yo esté disgustado y empezó a luchar por reanudar la conversación. Yo por mi parte contestaba con monosílabos, pero buscando mantener la compostura, en términos simples le estaba empezando a pagar con la misma moneda y ella me dijo que no quería perderme y que si algo malo había hecho que la perdonara».

«Yo le dije: "**si lo que me quieres decir es que quieres ser mi pareja tienes que decirme cuáles son tus reglas porque puedes tener algunas que pueden ser absurdas y limitantes**" a lo que me dijo que yo debería de ser quien establece las normas y que ella las iba a acatar todas».

«Ese fue el momento para iniciar un romance de alta intensidad y para que ella comenzara a contraer algunos compromisos y lo mejor de todo fue que desde ese momento yo empecé a tener el control de la relación».

## Algunas precisiones importantes y útiles

1. En los dos casos que hemos visto se trató de la violencia psicológica de parte de una mujer.

2. Fue un tipo de violencia en donde se apeló a la deshonra, al descrédito y sobre todo se buscó de parte de la mujer crear una situación de agravio.

3. Si el escepticismo se apodera de usted, le aconsejo que utilice algunas de las respuestas alternativas que aparecen más adelante en este mismo capítulo.

4. En los dos ejemplos se usó el asombroso poder de las palabras para crearle desconcierto a la atacante.

5. La esencia de lo que estamos viendo en este libro es ver las palabras como una herramienta para transmitir ideas o sensaciones extrañas que van a desorientar, cautivar y hasta a embobecer a quien nos lanzó una ofensa.

6. Con frecuencia este tipo de gente que parece tener una fuerza hercúlea lo que anhelan en secreto es ser mortificados y si adoptamos el placer acompañado del dolor, crearemos un estado de dependencia que durará mucho tiempo.

## ¿Con quiénes utilizarlas?

- Con personas provocadoras que responden de manera exagerada frente a un asunto intrascendente (sin importar el género de la persona agresora).

- Con personas que ejercen una posición de dominio y supremacía en contra nuestra, sin importar de cuál sea su motivación e intensidad.

- Con personas con un temperamento colérico sanguíneo con alta efervescencia.

- Con personas iracundas con tendencia al mal humor y a la agresión.

- Con personas con posturas negativas que generan irritabilidad.

- Cuando seamos víctimas de una persecución anímica y emocional.

## ¿En qué circunstancias utilizarla?

- Si usted forma parte de un ámbito agresivo donde a menudo es víctima de una o de varias personas, ya sea del sexo opuesto o no.
- Si considera que se encuentra en una postura de desigualdad en una discusión.
- Si su atacante se encuadra en una posición de excepción y de dominio hacia usted y hacia los demás que lo rodean.
- Si se encuentra en una situación de abuso primitivo de parte de una oponente agresiva.

## Algunas plantillas de réplicas alternativas

1. El concepto que tienes sobre mí no va a cambiar quien soy, pero si va a cambiar mi concepto que tengo sobre ti.
2. Disfrutas diciendo cosas tan desagradables.
3. ¿Por qué me dices eso?, ¿qué esperas ganar?
4. Y es que tú no te has visto en un espejo.
5. Todos podemos ser estúpidos alguna vez, pero tu abusas de ese privilegio.
6. Felicitaciones. Acabas de formar un drama por nada.
7. Entiendo que nadie es perfecto, pero no tienes que recordármelo cada vez que hablas.
8. Si lo sabes todo, me imagino que también sabrás cuando debes callarte.

9. La gente solo te tolera por interés o crees que lo hacen porque eres bonita y agradable.
10. Voy a meter tus opiniones en mi cuenta bancaria para ver si me generan algún interés.
11. Gracias por mostrarme lo malvada que puede ser la gente.
12. Siento decirte que jamás pedí tu opinión. Gracias.
13. Seguiré pecando por ti.
14. No eres tan linda para que seas tan arrogante.
15. Deberías de hacer algo para mejorar ese ceño tan adusto.

## Cuaderno de tareas

Utilice los tiempos prolongados de espera del día para ensayar las frases que están aquí se sugieren de tal forma que esté usted mejor preparado para cuando reciba una ofensa. No obstante, debo se recordarle que estas frases son patrones que rotan, se contraen, se distorsionan y se transforman, pero le pido que tenga una mente curiosa porque al final será algo que le va a exhalar vida y alegría a su existencia, aunque no va a estar exento de dolores de cabeza, pero recuerde que esto no es una reliquia sin vida, sino que tiene mucho que ofrecerle.

## Algunos indicios para resolver cuaderno de tareas

Todos tenemos distintos niveles de tolerancia en cuanto a lo educados que debemos de ser a la hora de recibir una agresión, pero si somos de aquellos que son indiferentes ante los ultrajes de la gente, ese comportamiento se puede convertir en un hábito y la gente va a abusar siempre de nosotros.

En las relaciones amorosas podemos optar por dejar satisfechos a los demás sin desacreditarlos para evitar una contrariedad o, por otro lado, podemos optar por sobresalir y para ello hay frases especiales que causan un poco de angustia en un principio, pero luego se logra disolver este sentimiento tal como ocurrió en los ejemplos del presente capítulo.

Si está interesado en una chica le recomiendo que a veces pase de frio a caliente y de caliente a frio porque es imperioso que sienta por momentos un poco de indiferencia y en otras un poco de alegría. Dicho en términos simples, es necesario volverse impredecible. En otros capítulos hemos visto que cuando ellas sienten que lo han perdido a usted para siempre o que han perdido el mando de la situación, es allí donde nace la pasión.

El método de ser delicado y esmerado puede ser eficaz en algunos casos, pero puede retardar el resultado que se espera, e incluso en muchas ocasiones también traen como consecuencia resultados desfavorables.

Si se encuentra con personas con conductas injustificables, le aconsejo que utilice este método porque le permitirá encontrar un desenlace rápido, (ya sea bueno o adverso), pero sin olvidar que una vez que se llega al romance hay que emparejar un poco la severidad con la sutileza.

# CAPÍTULO 7

## Incumplir una cita

Alfredo D. había conocido a una capacitadora muy hermosa en un establecimiento educativo superior de postgrado donde él estudiaba.

Alfredo era maestro de matemáticas y a veces de física en un colegio secundario de las zonas rurales y Angela era conferencista, oradora elocuente, escritora, docente, intelectual en diversas ramas y experta en matemáticas puras en esa y en otras universidades.

Angela eclipsaba sin inconvenientes los límites de conocimientos de los otros capacitadores. La erudición de esta mujer era descomunal, así como su habilidad para hablar en público.

Explicaba los fundamentos del análisis numérico a los concurrentes y muchos de ellos venían de lejos a recibir su capacitación y debido a esas inigualables virtudes era admirada por todos.

Esta maestra acometía los análisis numéricos más complejos para hacerlos ver más alcanzables a sus alumnos. Enseñaba muchas ideas filosóficas con una intensidad científica que no la podían exponer los otros capacitadores, aunque muchos consideraban que era un sacrificio grotesco que a ella no se le conociera ninguna pareja sentimental.

Alfredo por su parte pertenecía a una buena familia, pero vivía con modestia de su sueldo de maestro, permanecía retirado de la vida social desde sus años de colegio e incluso ya casi había perdido sus antiguas amistades.

Cuando Alfredo la vio por primera vez fue un momento definitivo y notó que las palpitaciones de su corazón habían crecido más que lo normal. El señor D. no se lo podía creer porque le parecía mentira que una mujer unos pocos años mayor que él pudiera haber capturado su atención de esa manera.

En ese momento tuvo un problema mental insoportable porque lo que le estaba empezando a ocurrir, parecía salido de un capítulo de alguna novela romántica.

El señor D, era un hombre de recursos económicos limitados y se estaba empezando a enamorar de una mujer que lo superaba en muchos aspectos.

Angela al parecer no compartía la agitación de ánimo de nuestro amigo y a las compañeras mujeres de esa aula les gustaría tener la apariencia y la serenidad que ella emanaba ya que se mostraba poco interesada en aceptar las insinuaciones de los hombres y era inmune a lo que sucedía a su alrededor y ese misterio era algo que hacía que los individuos pierdan la cordura al tratar de descifrar el enigma que ella representaba.

El señor D. pensó en primera instancia que él y ella estaban hechos el uno para el otro, aunque este comportamiento no era bien visto por la parte lógica de él mismo, aunque su mente inconsciente le decía que debía de correr detrás de ese amor a pesar de que lo más probable era que no iba a ser correspondido, pero que de todas formas debía seguir los deseos de su corazón.

Cierto día, ella llegó a dictar sus clases con un vestido que dejaba ver sus curvas y era evidente que todos los alumnos de esa aula estaban boquiabiertos y más aún cuando se notó que una tanga que se había puesto traslucía a través de su ropa.

La semana siguiente Angela llegó y atravesó la zona del bar del campus universitario y Alfredo divisó que ella lo saludaba con la mano, pero nuestro amigo no estaba seguro si aquel saludo era para él y se demoró en contestar la cortesía de ella, así que después de hacerle un ademán se le acercó porque lo que menos quería era que ella piense que la estaba subestimando.

Cuando se le acercó, él le pidió que aceptara que lo acompañara a desayunar el siguiente domingo y ella en un principio quiso darle a entender que semejante petición no debía de hacerse, pero al final accedió a esta curiosa solicitud de su alumno. El señor D. no dejó de confundirse y no creía que eso estuviera ocurriendo en realidad y hasta supuso que la contestación que había recibido no era en serio.

Cuando acudió a mí para pedirme un consejo, le mencioné lo que dice el libro *Tácticas de amor*.[8] Estos autores dicen que cuando se incumple una cita con alguien «eso provoca la rabia de esa persona, pero que es una herramienta muy efectiva para conquistar el corazón de la persona amada» y que esa es una delicada forma de ganar seguridad en una relación.

Para Alfredo aquello parecía un suicidio, pero como él sabía que ya había fracasado en situaciones anteriores en circunstancias parecidas y comprendía que cuando una mujer empezaba a conocerlo, poco a poco iba perdiendo su encanto y las chicas terminaban abandonándolo, sobre todo cuando él se afanaba en demostrarles todo su interés.

Después de pensarlo se dijo a sí mismo que la manera como había actuado hasta ese momento lo había perjudicado siempre, así que decidió seguir mi consejo.

Alfredo llamó a Angela la noche del sábado para decirle que se había producido un imprevisto de último momento que le impedía ir a la cita del día siguiente.

Nuestro amigo pensó que había acabado con la mejor oportunidad de toda su vida y que la estaba malgastando por causa de un consejo dudoso, pero lo bueno fue que mientras otras mujeres empezaron a perder el interés en él a partir de la primera cita. Angela empezó a perder la cabeza por él. Dicho de otra manera, él mantuvo el desafío del amor y ella contraatacó como él deseaba.

---

8. Mcnight Thomas & Philips Robert (1994). *Tácticas de Amor*. Santa Fe de Bogotá. Primera edición, Intermedio Editores, pág. 159.

Al llegar el lunes por la tarde, él la llamó por celular para volver a disculparse de nuevo, pero se quedó sorprendido, porque no se esperaba que, a pesar de la prudencia y decoro en la conducta que ella siempre demostraba, en esta ocasión le dijo que quería ir a verlo al trabajo de él. Aquello sonaba hermoso, pero no parecía posible que estuviera pasando.

«Muy discretamente acepté su propuesta», dijo Alfredo, «y y a la salida de mi trabajo, nadie en mi escuela se percató de que me fui a un lugar distinto a la parada del bus de todos los días. Me acerqué a la esquina donde ella me esperaba en su auto y, al saludarnos con un beso en la mejilla, nos miramos a los ojos por un largo rato. A continuación, nos retiramos de allí».

«Desde ese momento vi que el camino estaba despejado para decirle lo que yo quería, y aquella mujer aceptó de inmediato mi propuesta amorosa y la dama reservada y cauta que muchos hombres hubieran querido tener para ellos, me ofreció la más inolvidable aventura».

## Algunas precisiones importantes y útiles que hay que tener en consideración

- Las mujeres tienen un sistema inmunológico de defensas que son su escudo protector para no parecer un objetivo fácil.
- Al aplicar este mecanismo (el del incumplimiento de una cita), las defensas de la mujer se desmoronan al instante.
- Con esta técnica desaparecen los escudos protectores que una mujer tiene activados de manera inconsciente y de aquí en adelante siempre va a encontrar una justificación para que la relación con usted salga a flote.
- Que una vez que se activó este mecanismo, nuestra labor consiste en mostrar cierta persistencia de una

manera distendida, sin mucho apremio y mostrando un valor que ha empezado a crecer.

- Otra de las ventajas es que la mujer empezará a desacreditar a otros hombres que compiten con usted y empezará a ver a los rivales de usted como compañeros sentimentales equivocados, aún, cuando en la práctica esto último no sea así.
- Ella no lo va a ver como un candidato erróneo al compararlo con otros que pueden tener un mejor estatus.
- Ella no podrá descalificarlo porque lo empezará a ver como poco accesible.

## ¿En qué circunstancias utilizar esta técnica?

- Si la interacción con una chica se empieza a prolongar demasiado y usted tiene la urgencia de que las cosas avancen de una manera discreta y rápida.
- Si estamos en una circunstancia en que percibimos que estamos próximos a ser descalificados porque hay contrincantes que exhiben un mayor valor.
- Cuando la mujer empieza a demostrar un interés escaso.
- Si sus habilidades para crear un romance son limitadas.
- Si es usted visto por ella y por otras gentes como alguien de poca validez genética.
- Si cuenta usted con escaso estatus como para brindarle a ella una ubicación conveniente ante a la sociedad.
- Cuando se encuentre en una posición poco ventajosa en comparación a otros hombres que compiten por la misma mujer.

## ¿Con quiénes utilizar este recurso?

- Recomiendo utilizarla cuando nos encontramos con mujeres que de una manera refinada, encantadora y creativa nos rechazan porque no encuadramos dentro de aquello que ellas se encuentran buscando.
- Con mujeres muy conservadoras y muy selectivas.
- Con mujeres que exhiben un valor elevado.
- Con mujeres que pueden ser vistas como una apuesta de alto riesgo.
- Se lo puede usar con altas posibilidades de éxito con mujeres que tienen siempre activados sus mecanismos de protección para frenar cualquier tipo de interacción con el sexo opuesto.
- Con mujeres inaccesibles.
- Si ella y la sociedad lo ven a usted como un hombre de escaso valor.

## Cuaderno de tareas

Utilice este ingenioso mecanismo si se encuentra interesado en una mujer inaccesible, sobre todo si es usted un hombre corriente que compite con un soltero de oro o con un competidor por el cual las mujeres se sienten atraídas de forma inconsciente.

## Algunos indicios para desarrollar el cuaderno de tareas

El elemento intrínseco del romance es que todo parezca espontáneo, por eso se hace imprescindible que el paso al siguiente nivel sea natural, leve o incluso automático. Cualquier cosa opuesta va a hacer que el escudo de protección de ella se vuelva a poner en guardia. Hay hombres que pierden de vista esto último y se enfadan si no pueden cosechar los beneficios a pesar de haber utilizado esta técnica. Ante esto vale trabajar en una comunicación con significados polifacéticos para que ella tenga la sensación de que va a experimentar los más lejanos límites.

Si puede crear la ilusión de que gracias a usted ella puede realizar sus sueños, la tendrá siempre de su lado porque a las mujeres les gusta ser guiadas por hombres que les ofrecen la posibilidad de aventura porque es así como se sienten más vivas y enamoradas.

Una manera que se aconseja para mantener viva la relación es usar un poco la psicología inversa y una plantilla muy útil es decirle: «No quiero que confíes en mi todavía, la confianza primero hay que ganársela. Cuando percibas que puedes confiar en mi me lo haces saber, ¿te parece bien?».

Esta frase le va a dar a usted y a ella un sentimiento de tranquilidad que creo que ninguna otra técnica se la puede proporcionar.

# CAPÍTULO 8

## La falsa aceptación[9]

Le prometo que, si lee con atención los siguientes párrafos, usted podrá tener atada a una mujer con la que anteriormente no había forma de entablar una relación. Veamos un ejemplo:

Hace poco tiempo atrás Marcelo B. recibió una propuesta a última hora de una chica a la que la había estado tratando de conseguir como pareja.

«Esta chica nunca aceptaba una salida conmigo», relata Marcelo, «y en las dos ocasiones que sí lo hizo, vino acompañada de su mamá. Cierta tarde de un viernes, cuando yo estaba haciendo horas extras en la empresa donde trabajo, me llamó para decirme que se encontraba en una discoteca con unas amigas y que quería que fuera a verlas».

«Yo había descubierto el tecnicismo de la falsa aceptación en uno de los blogs que usted publica en internet y esa idea se pasó dando vueltas por mi cabeza durante algunas semanas y me percaté de que se trata de una gran herramienta para contrarrestar lo que ella me había hecho en las dos ocasiones anteriores».

«Le dije que dentro de un momento me iban a pasar recogiendo por mi trabajo unos primos que habían llegado de Estados Unidos y que me diera la dirección del lugar en donde se encontraban para ver si podíamos pasar por allí y que me disculpara porque en ese momento se me estaba empezando a descargar la batería del celular. Por supuesto, lo de los primos

---

9.   Luna Mario (2007). *Sex Code.* Pág. 610

no era cierto y lo de la batería del celular tampoco, y yo no asistí a esa cita».

«Al día siguiente, me llamó y me dijo que ella y sus amigas habían estado al pendiente de nosotros, pero que nunca nos aparecimos por allí y le dije que lamentaba haber defraudado sus esperanzas, pero que mis primos y yo decidimos a ir a otro lugar que era más interesante y que además ellos eran los que tenían la batuta ese día».

«Después de eso en otra ocasión me llamó para que fuéramos al cine. Esta vez vino sola y me pidió que me quede con ella todo el tiempo que dure la función de cine, pero en esta oportunidad hablaba con un semblante de encanto que no le había notado antes. No obstante, lo bueno fue que yo había descubierto con la falsa aceptación un mecanismo útil para hacerle creer a ella que yo había caído en su trampa».

## Algunas precisiones útiles e importantes

- Que esta técnica no es una ciencia exacta, pero tiene mucha efectividad si sabemos aprovecharla para adaptarla a un caso particular.
- Vale recalcar que la mujer busca a alguien que la haga sentir bien, no a alguien que la apabulle.
- Todas las personas somos diferentes en el amor y por lo tanto no hay un método infalible para conquistar a una mujer. Aunque hay técnicas que funcionan mejor que otras, yo considero que esta es una de ellas.
- Con este ejemplo, que es muy parecido al del capítulo anterior, se puede apreciar que cuanto menos sea la necesidad que se le muestra a una mujer, más fácil será atraerla.
- Actuando de otro modo, iba a ser necesario invertir mucho tiempo, esfuerzos y recursos económicos para

conseguirla y en caso de fracasar nos iba a hacer sentir frustrados y nuestra autoestima no iba a salir intacta.

- Puede percatarse que con este mecanismo las posibilidades de pasar de nivel son elevadas y sus destrezas como seductor se habrán expandido de forma exponencial.

- Advierta que después de aplicar esta técnica usted ya no se encuentra en un problema de carencias sino de destrezas que han empezado a expandirse.

- Otra ventaja de esta técnica es que la gente va a notar que usted está mejor dotado socialmente.

- Su cometido como seductor es provocar una aflicción, y en el presente caso lo que se ha hecho es abrir una grieta en la autoestima de ella.

- Lo que se necesita es crear una incertidumbre que se debe de expandir poco a poco.

- Esta técnica es un punto de quiebre en su rutina con un anzuelo distinto a lo que había estado ensayado con anterioridad.

- Que una vez que le haya hecho palpar a la chica el atractivo de lo inusual, la seducción será más fácil.

- Este audaz mecanismo le hace ver a la chica que la vida de ella está marcada por la armonía, falta de riesgo y de aventura, y que salir con usted es empezar a seguir a un ideal olvidado.

- Recuerde también que este es un juego tan delicado como tocar el violín, de allí que las normas que estamos viendo no se pueden aplicar de una manera rigurosa, sino con refinamiento y cronometrando de forma constante la reacción que obtenemos de parte de la chica.

- Se hace imperioso destacar que cada situación es distinta y que no todas las mujeres van a responder de la misma forma. Algunas van a ser más susceptibles a esta técnica que otras, así que no se puede actuar de manera idéntica con todas.

## ¿Con quiénes utilizarla?

- Con mujeres que llevan un antifaz y que aparentan ser más seguras que lo que son.
- Con mujeres que sienten que su vida carece de interés debido a las eventualidades que las aprisionan.
- Con mujeres que tienen la certeza de que somos vulnerables a sus encantos.
- Con mujeres que solo salen con usted para comer y beber gratis.
- Con mujeres que se aprovechan de sus buenos sentimientos y de su incondicionalidad.
- Con aquellas mujeres que nos buscan como tontos útiles para alguna cosa que les produzca a ellas alguna comodidad, fruto o interés.

## ¿En qué circunstancias utilizarla?

- Cuando se haga imperioso calmar en la chica una sensación de aburrimiento y desgano. Allí será usted a quien le toca llenar ese vacío y con este recurso el terreno estará abonado para la siembra y la cosecha.
- En circunstancias en que la mujer siente que se ha paralizado en la rutina y que ha perdido sus ilusiones iniciales.
- Si es usted de aquellos hombres a los que las chicas tan solo lo ven como un buen tertuliano.
- Si las chicas solo se mueren por salir con usted porque están muy aburridas en la casa y usted es el inmejorable

acompañante que ellas necesitan para contarle sus intimidades.

- Si lo están utilizando como el fulano al que necesitan para salir con otro individuo porque usted ya se ganó la buena voluntad de toda la familia de ella.

- Si quiere tener novia cuanto antes y dejar de ser el amigo de todas y novio de ninguna.

- Si la chica a la que usted le gusta es tan despiadada que le pide que le aplique el bronceador cuando van a la playa o le solicita que la acompañe cuando va a comprar lencería, pero usted nunca puede pasar al siguiente nivel, o sea nunca llegan a ser una pareja sentimental.

- Si usted es un buen elemento para producirle celos al hombre que a ella le gusta.

- Si ella le presume a usted que está enamorada de otro hombre.

## Cuaderno de tareas

Empiece a dar vueltas en la cabeza sobre la forma como va a aplicar esta técnica la próxima vez que le haga una invitación una chica que le gusta, pero que en general es indiferente con usted. Le aconsejo que se aproveche de este conocimiento para elaborar una buena estrategia que tenga una alta probabilidad de obtener lo que usted busca.

## Algunos indicios para desarrollar el cuaderno de tareas

Si usted está atrapado en una zona de la cual no es fácil salir y busca una buena estrategia de escape, pero no se arriesga a dar el paso que hace falta, esta maniobra es muy conveniente para sus aspiraciones porque consigue encarar las emociones de ella, y usted logra superar la inseguridad que siente cuando la tiene enfrente con la alta posibilidad de que ella deje de verlo como su amable criado personal.

Vale destacar que la buena noticia es que aquí usted no le está declarando sus intenciones, ni hace falta pedirle una cita para que lo empiece a ver como un posible candidato e incluso es posible que se empiece a comportar como su novia.

Debo recalcar que con esta actitud se empieza a despertar la sexualidad de ella, porque usted le ha creado el ambiente de incertidumbre que le hacía falta.

## Una sugerencia alternativa
## La falsa llamada

Si ella le ha dado el teléfono, pero nunca le responde y se muestra opuesta a querer salir con usted. En ese caso le sugiero que la llame y si no contesta póngale el siguiente mensaje de texto: «**Te llamé y parece que estabas ocupada, te volveré a llamar en un momento**». Después de eso no se la vuelve a llamar.

Con este procedimiento, logrará causar a ella una obligación al no volver a llamarla y, sobre todo no expresará interés, manteniendo su independencia.

Además, si ella se ha acostumbrado al exceso de interés de parte de usted, al no recibir la siguiente llamada que ella espera, empezará a rastrear en su interior la causa de la carencia de inversión por parte de usted y eso le causará una gran adherencia a los intereses de usted.

Pero veamos ahora cada uno de los efectos del mensaje de texto:

1. Por lo general, este tipo de artilugio tiene como fin alimentar los pensamientos que la chica que estuvo muy esquiva en una fase anterior lo cual posiblemente le causará la conmoción y turbación que hace falta.

Recuerde también que una mujer en estas condiciones es más fácil de conquistar.

2. Se logra causar una obligación al no devolver la llamada y sobre todo no expresa ningún interés y usted mantiene su independencia.

3. Ella está acostumbrada al exagerado interés de parte de los hombres y al no recibir la siguiente llamada que ella espera empieza a indagar en su mente la causa de la falta de interés del hombre y esto le causará atracción.

Pero analicemos ahora lo que pasará cuando usted envíe un mensaje como estos y si lo que quiere es calibrar el interés de su prospecto según el tiempo que puede tardar en contestar, aunque le aclaro que se trata de una conjetura de mi parte, pero hay señales que he observado cuando lo he hecho y cabe interpretarlos:

Si ella responde:

- Enseguida: situación inmejorable. Quiere decir que está hechizada y propensa a nuestro juego y que está en nuestras manos saber cuál va a ser el siguiente paso.

- De 20 minutos a dos horas: es posible que esté atraída por nosotros y se trata del punto de respuesta más común, pero puede ser que quiere ser discreta y disimular su interés. Esto deja entrever que en este intervalo de tiempo lo estuvo pensando, lo cual es una buena señal.

- Seis a diez horas: estuvo muy ocupada como para dar contestación a nuestro mensaje o quería disimular su interés. Todo depende del compendio del asunto.

- Al día siguiente: pésima señal. En la mayoría de los casos el interés es escaso o ella tiene otras alternativas más atrayentes. Pero recuerde que estas suposiciones no son una ciencia exacta.

- Debo de decir que en una ocasión hubo una mujer que no contestó nunca, pero luego me la encontré en la calle y puedo decir que, de allí en adelante me acosó por teléfono por mucho tiempo. No obstante, este fue un caso aislado y, a mí en lo personal, no se me ha repetido con nadie más.

La idea que quiero destacar es que con este desafío usted va a tener un enorme efecto en la vida de ambos, por eso si quiere crear emociones positivas con una chica que está reacia a querer iniciar un romance con usted le aconsejo que empiece a meditar y a poner en práctica este recurso, porque en lo personal sí me ha dado algunas satisfacciones.

# CAPÍTULO 9

## Lecturas en frío

Fernando C. había escuchado muchas veces que quien roba un beso a una mujer está influenciado por esta sociedad ancestral y machista en la que todos en mayor o menor medida estamos inmersos.

El señor C. frecuentaba una peluquería donde siempre lo atendía una mujer rubia de mediana edad, muy hermosa, de caderas anchas y cintura pequeña.

Fernando y aquella mujer sabían que había empezado un cortejo que no iba a ser fácil de detener, era un devaneo en donde se podía anticipar que iba a ser algo satisfactorio para ambos aunque ella pretendía controlar sus deseos porque siempre ponía resistencia a las palabras de Fernando, pero era evidente que ella estaba en la búsqueda de una experiencia placentera, así que el problema era ¿qué podía hacer para demoler esa barrera que parecía difícil de derribar y pensó que una manera era conseguir que se sienta distendida y así bajarle un poco sus defensas y le sugerí que utilizara la «lectura en frío» que es cuando le hacemos creer que adivinamos cosas sobre la persona que tenemos en frente.[10]

Algunos de estos principios son más eficaces que otros, así que cuando ella le relató el episodio de un cliente agresivo que se quiso ir son pagar y ella no se lo permitió el señor C. le contestó: «¡Uy me has asustado! Veamos que dice tu mano» a lo que ella le contestó que es una hermana cristiana y no cree en esas cosas, esto por supuesto le pareció a Fernando un reto

---

10. Vea las plantillas alternativas que sobre ese fin he publicado en este capítulo.

interesante y agradable y, a continuación, nuestro amigo le dijo: «Tu energía es desbordante y lo veo en tus pupilas». Ella por su parte no quitaba de él la mirada sonriente y amistosa, y después la conversación transcurrió más o menos así:

<u>Fernando</u>: que pestañas tan largas y hermosas tienes, lástima que sean postizas.

<u>Ella</u>: ¿qué te pasa? Son mías.

<u>Fernando</u>: sí, ya que te creo, a ver cierra los ojos.

Cuando ella cerró los ojos le dio un beso corto.

## Algunas precisiones útiles e importantes

- Para efectuar esta técnica es imprescindible desarrollar un alto poder comunicativo.

- Con una interacción como el que se usó en este caso, se puede dejar deslumbrada a una mujer lo suficiente como pasar al siguiente nivel.

- El material enlatado que se aplicó en el presente ejemplo nos proporciona la facultad de actuar en muchas situaciones de la vida real, aunque vale destacar que requiere mucho de ensayo de parte de nosotros porque hay que estar preparados para cuando ocurran imprevistos.

- Cuando usted lleve a cabo los ensayos a cabalidad, eso le va a proporcionar una mejor capacidad de reacción ante cualquier situación inesperada. Si usted ensaya, las respuestas positivas no tardarán en llegar.

- Se trata del arte de sembrar ideas en la mente de la chica liberando insinuaciones escurridizas para transmitirle nuestras verdaderas intenciones.

- Es evidente que hay que ir introduciendo pequeños elementos a nuestra forma de actuar en concordancia con la experiencia que vayamos acumulando, pero la esencia será siempre la misma.

- La indirecta que se lanza es registrada de forma inmediata en los cimientos mismos de la mente de la chica y es un golpe mortal a sus incertidumbres.

- Usted tiene que sentir que es un actor en escena, aunque la parte buena es que no tiene que renunciar a la inventiva y a su talento de premeditar la situación que usted desea llevar a cabo. Sin embargo, se hace imprescindible interiorizar cierta cantidad de rutinas y frases lo bastante eficaces como para mantener a la chica en el limbo.

- Utilizar este material es esencial para sacar adelante cualquier tipo de interacción.

- Para cosechar buenos resultados es evidente que hay que cultivar nuestro ingenio para extraer los espejismos y las más insondables ambiciones de aquella chica que tanto nos gusta.

- Se hace necesario convertir en un hábito alguna cosa que funcione. Siempre y cuando encuentre algún elemento adicional que pueda aplicar a la interacción, añádalo a lo que ya tiene.

- Vale destacar que la clave para sacar bien estas interacciones es llevar a cabo la insinuación cuando la chica esté relajada y distraída para que no sepa lo que usted se propone.

- Por lo tanto, arriésguese a esquematizar una exhibición de alta calidad y úselo para comunicar lo que desea.

## ¿Con quiénes utilizarlo?

- Con mujeres que por todos lados son más astutas que usted.

- Con mujeres que tienen un radar muy riguroso para anticiparse a cualquier cosa que usted le propone.

- Con mujeres que siempre están entretenidas con el celular cuando usted les habla o se dirige a ellas.
- Con chicas o personas con las que está obligado a coexistir.
- Con mujeres que no muestran la menor emoción cuando usted les habla.
- Con la chica que usted considere que es apta para tener una relación sentimental.
- Con mujeres que siempre lo están saboteando y usted siempre se ve en la obligación de pasar desapercibido.
- Con mujeres que se nota que tienen la intención de sacarle tarjeta roja directa sin que el juego haya empezado siquiera.
- Con mujeres difíciles de convencer.
- Con mujeres que se vuelven inaccesibles por algún mal recuerdo del pasado.
- Con aquellas mujeres que se pueden considerar a simple vista como inversoras de bajo riesgo.

## ¿En qué circunstancias utilizarlo?

- Si usted no sabe qué decir ni cómo tiene que actuar en la interacción con una chica.
- Si quiere entablar una mejor relación con una mujer, y con un bajo riesgo de salir mal parado.
- Si necesita nuevas experiencias que le provoquen nuevas sensaciones.
- Si no quiere cansar a las chicas porque no tiene nada encantador que decirles.
- Si se siente obligado a decir mentiras porque no tiene nada que decir y porque mentir es la única manera de llamar la atención.
- Si las chicas no sienten ninguna conexión con usted.

- Si usted siente que es un hombre interesante y diferente, pero las mujeres lo rechazan.

- Si es usted de aquellos que hablan demasiado y deja muchas cartas descubiertas sobre la mesa.

- Si el temor y la intranquilidad se apoderan de usted cuando trata de empezar a entablar una conversación con una mujer que le gusta.

- Cuando se haga imperioso salir de incómodas situaciones porque no sabe que decir.

## Sugerencias alternativas

Con el exclusivo fin de abordar a mujeres que me parecen hermosas, hice el esfuerzo de aprender a entablar algún tipo de relación ya que anteriormente muchas de ellas simulaban que me escuchaban, pero lo hacían solo por educación, pero esperando la ocasión de marcharse lo más pronto posible de mi lado.

En un caso que queramos **sorprender a una potencial pareja**, y ella está reacia a escucharnos siquiera, se le puede decir los siguiente:

<u>Usted:</u> piensa un número y yo te lo adivino.

<u>Ella:</u> ya lo tengo en mi mente.

1 Al número que pensaste súmale 5.

2. A ese resultado multiplícalo por 2.

3. A ese resultado réstale 4.

4. A ese resultado divídelo para 2.

5. A ese resultado réstale el número que pensaste.

6. El resultado es 3 (curiosamente el resultado siempre va a ser 3 sin importar cuál sea el número que ella haya pensado).

Si quiere sacar ventaja de este y otros recursos le sugiero que vaya a la página de internet **adivina números**[11] que le proporcionará una amplia gama de posibilidades en este género y que lo incorpore a su material de rutinas enlatadas que le permitirán comunicarse apropiadamente con la chica que le gusta, teniendo en consideración que tiene que practicarlo en su mente antes de ejecutarlo porque este mecanismo le va a hacer ganar muchos puntos con poco sacrificio.

Debo destacar que este recurso me ha servido para romper el hielo con chicas muy atractivas. En una ocasión lo hice mientras estaba en la sala de espera de una peluquería y allí estaban varias mujeres muy hermosas haciendo antesala conmigo y a una de ellas le dije que me ayudara porque tenía que dar una clase y tenía que aplicar este procedimiento, la chica a la que se lo dije accedió, pero se avergonzó porque no era buena para los números y me dijo que ella es abogada de una importante institución financiera adscrita al gobierno nacional, pero que los números no son su fuerte y a continuación se produjo un acontecimiento que lo consideré como contrario a la razón porque otra de las mujeres que estaban allí se ofreció a servirme de ayuda y adivinó sin problema el número y se sonrió cuando me dio la respuesta y vio que yo había adivinado correctamente y luego todas las demás que están en la antesala quisieron que yo les haga la prueba, pero ya no me era posible seguir haciendo el mismo truco con todas, así que usé las siguientes alternativas:

1. Piense un número.
2. Súmele 7.
3. Multiplique ese resultado por 2.
4. Réstele 6 al resultado.
5. Divida ese resultado para 2.

---

11. https://redescolar.ilce.edu.mx/20aniversario/componentes/redescolar/act_per-manentes/mate/mate21.htm

6. Réstele el número que pensó.

7. El resultado es 4 (siempre será 4).

Truco C:

1. Piense un número.
2. Súmele 3.
3. Multiplique por 2 el resultado.
4. A la respuesta súmele 4.
5. El resultado divídalo para 2.
6. A lo que quedó réstele el número que pensó.
7. La respuesta es 5 (y siempre será 5).

Esta fue una manera elegante de ganarme la atención y el respeto de estas mujeres, aunque vale recalcar que requiere de cierta práctica y de que se aficione un poco a este mecanismo porque es una técnica que funciona como rutina y es un abridor excelente para cuando quiera abordar a una o varias chicas a la vez.

## Otras sugerencias alternativas

Vale recalcar que, la técnica del lenguaje en frio significa que usted sabe algo de ella, así que antes de decirle estas frases, le sugiero que vea algún tipo de comportamiento de parte de ella antes de soltar lo que le va a decir.

- Tienes tu gracia, te haces la dura al principio, pero tienes tu gracia.
- Vamos, quítate esa máscara de mujer indiferente y muéstrate cómo eres en la realidad.
- Te gusta mucho el atrevimiento.
- Apuesto a que tienes un lado tierno en alguna parte, pero no lo demuestras.

- Eres reflexiva y práctica, tomas tu tiempo para tomar decisiones en especial aquellas que te importan más.
- Te pierdes en una nube de ensueño.
- Estás tan ocupada que a veces quisieras duplicarte.
- Aprecias la emoción de la aventura.
- Aprecias la emoción de experimentar todo.
- Irradias energía y entusiasmo.
- Tus pasiones son impetuosas.
- Vives debajo de una superficie y eres un misterio para muchos.
- Conozco muy bien esa mirada pícara que tienes en tu cara, es como si acabaras de hacer algo MUUUY malo y te saliste con la tuya.

## Cuaderno de tareas

Utilice cada una de estas rutinas enlatadas y cuando ya las haya puesto en práctica repítalo una y otra vez en diversas situaciones. Este mecanismo le permitirá develar el velo de algo que ha permanecido oculto para usted por mucho tiempo si (es que antes no lo había puesto en práctica) y que además estos nuevos conceptos los irá adaptando poco a poco a su arsenal de rutinas y luego sin apenas darse cuenta obtendrá grandes satisfacciones cuando lo ejecute sin ningún inconveniente.

## Algunos indicios para desarrollar el cuaderno de tareas

Puedo decirle que estos artilugios son una nueva perspectiva que hay que adaptarla a su nueva forma de expresarse que le van a permitir sacar adelante una situación que posiblemente lo han tenido anclado en el pasado, pero que al usarla en forma eficaz le van a proporcionar una identidad poderosa. No obstante, le sugiero que no se dedique a encantar por encantar a las mujeres porque si ellas por su sexto sentido perciben que usted es un

Casanova que solo busca aprovecharse de ellas, usted perderá la partida.

Por ello, le recomiendo que antes de insistir en los aspectos de este juego, se hace necesario haber trabajado sobre su propia identificación como ser humano porque si no tiene una homogeneidad positiva y elevada, entonces su juego va a empezar a presentar síntomas de fracaso.

Dicho de otra manera, su identificación es aquello que usted hace siempre y que lo define como ser humano y no se trata de ser o hacer algo por un accidente del destino, sino porque eso es algo que usted decidió ser y no es alguien que se dedica a toda hora a hacer las veces de Don Juan Tenorio.

Para finalizar debo de decirle que todos tenemos algo que nos entusiasma (es imposible que no sea así) y al convertir eso que lo entusiasma en su trabajo, eso es algo que le ayudará a generar confianza en la mujer que le gusta y ese será el atajo comunicativo más poderoso de la existencia.

# CAPÍTULO 10

## Ser buen oyente en la comunicación con la chica soñada

Según el sitio *Psicología online*,[12] alrededor del 80 % de las personas que acuden a las terapias de pareja manifiestan que tienen una comunicación deficiente.

¿Ha tenido usted la suerte de tener a alguien con quien pueda ser usted mismo al 100 %?, ¿alguien con quien no necesite usar ningún tipo de antifaz? Veamos el siguiente ejemplo:

Roberto B. había empezado a asistir a las reuniones de los sábados de una cofradía de su iglesia y quedó impactado por la sensibilidad y erudición de los miembros de aquella sociedad y allí conoció a Marlene, que a pesar de ser una mujer madura lucía espectacular.

Roberto quiso trasmitirle lo mucho que le había gustado y para eso le dijo: «**esa blusa que lleva es del mismo estilo como la que quiero regalarle a una hermana mía, ¿me puede decir donde la compró?**». Es posible que, nadie pudo comprender en ese momento si lo dicho por Roberto era algo inteligente o una severa bobada, pero se puede decir que fue la chispa que lo ayudó a invadir el territorio mental de ella y lo mejor es que este curioso mecanismo ayudó a nuestro amigo a exhibir desde ese instante una autoestima alta.

Marlene le dijo que esa blusa la había comprado en Miami y al hablar se notaba de lo orgullosa que se encontraba por la forma en que explicaba como hizo la selección de esa prenda y de lo mucho que le gustaba.

---

12. https://www.psicologia-online.com/falta-de-comunicacion-en-la-pareja-causas-sintomas-y-soluciones-2495.html

En aquella cofradía había gente de diversa edad y carácter, sin embargo, Roberto no gozaba de una gran reputación y era visto por muchos como un hombre de una escala jerárquica inferior, pero al parecer aquel recurso persuasivo le permitió poner en marcha el engranaje perfecto para ofrecerle a la mujer una posibilidad de placer y aventura.

Como consecuencia de eso, ella lo empezó a buscar por iniciativa propia. Sin embargo, él sabía bien como había transmitido aquella sensación en la mente de ella.

El siguiente sábado esta mujer con un gesto de coquetería le dijo: «espero que te quedes conmigo durante toda la reunión porque sería un pecado que me prives de tu compañía». No obstante, él se dio cuenta de que la pregunta que le había hecho la semana anterior (y que para muchos había pasado inadvertida) era un recurso que poseía un inmenso poder de seducción.

Ese día hablaron con bastante ánimo y espontaneidad y desde allí empezaron a ser pareja.

Vale acentuar que cuando se aplica este recurso se hace imprescindible pasar lo más pronto posible al siguiente nivel, es decir al romance, porque de no hacerlo se corre el riesgo de quedar paralizado en la zona de buenos amigos y eso se convierte pronto en un círculo vicioso del que será difícil salir.

## Algunas precisiones útiles e importantes

- Que una pregunta cómo esta posee un alto poder de insinuación si es que se lo aplica de manera apropiada. En el presente caso Roberto pudo sumergirse de forma profunda en la mente de la mujer de una manera irreversible. La clave para que las cosas salieran bien fue que la buscó en un momento en que estaba distendida y hasta entretenida.
- Esta insinuación será siempre apenas perceptible en la mente inconsciente de la chica.

- Advierta usted que la frase tiene el encanto de la novedad, pero antes de que se disuelva de la mente de ella, la fantasía del príncipe azul que usted ha logrado crear, se hace imperioso pasar al siguiente nivel.

- También debo de recalcar que una vez que llegue a la etapa del romance, no le aconsejo que se esmere en personificar el rol del príncipe azul durante mucho tiempo, aunque ya hablaremos de este tema en este mismo capítulo.

- Gracias a este recurso usted va a tener una presencia mejor que la de otros hombres más agraciados.

- Este recurso es un estimulador emocional que no deja indiferente a ninguna mujer si se lo hace con acierto.

- Si se elabora bien la primera parte, la chica se volverá adicta a las impresiones penetrantes que usted le ha suministrado y ella va a empezar a pensar en usted en forma permanente.

- Después de que la chica cayó en una etapa de fascinación en la conversación, le aconsejo que utilice con ella un leve contacto físico e interprete las señales que ella le dé para pasar al siguiente nivel.

- Vale recalcar que muchos hombres no alcanzan a entender el sentido de estas palabras hasta después de haberlas pronunciado.

- Sigmund Freud descubrió que sus pacientes femeninas perdían la cabeza por él cuando le contaban sus pensamientos y que a su vez no eran censuradas por la conducta de ellas. Vale recalcar que Freud no era un hombre agraciado, pero para impedir que las mujeres se enamoren de él, se sentaba fuera de la vista de las pacientes mujeres, pero eso no era impedimento para que el resultado fuera el mismo.[13]

- El escuchar con simpatía produce un efecto atrayente y enamorador que a su vez causa un efecto de correspondencia en la persona que habla, por eso aconsejo usar esta técnica cuando quiera conquistar el amor de una mujer.

## ¿Con quiénes utilizarlo?

- No es tan solo para aplicarlo en las relaciones de pareja sino en cualquier circunstancia de la vida cotidiana.
- Con personas con valores e intereses diferentes a los de usted.
- Con personas extrovertidas.

## ¿En qué circunstancias usarlo?

- En las malas comunicaciones y con diferentes tipos de personas y no tan solo con el sexo opuesto.
- Cuando nuestras habilidades comunicativas sean deficientes.
- Cuando los objetivos no estén bien definidos.
- En un mal clima en cualquier entorno.
- A la hora de buscar soluciones a cualquier situación.

## El síndrome del príncipe azul

El síndrome del príncipe azul hace que una mujer se cifre en un hombre expectativas exageradas y poco realistas.

---

13. Ken, Margareth (1992). *Como casarse con el hombre soñado*, pág. 64.

Actuar como el príncipe azul es una conducta obsesiva que a la larga va a jugar en contra de ambos, y es un proceder que convertirá al hombre que quiera encarnar a este personaje, en una persona tóxica en el largo plazo.

Para desempeñar el rol del príncipe azul deben de concurrir un sinfín de circunstancias donde la falta de una sola de estas eventualidades va a impedir que un hombre pueda desempeñar este papel en forma satisfactoria.

Sin embargo, debo de subrayar que una vez que se consigue como pareja a la mujer amada, es el romance la que la va a tener atada a nosotros y eso requiere de trabajo duro, aunque lo que no se puede hacer es darse el lujo de volverse vago en una relación.

Una de las recomendaciones que sigo a rajatabla es una recomendación de David X[14] que aconseja que para el día del cumpleaños de ella se compre algunas tarjetas iguales y después de haberle dado la cartulina el primer año, en el siguiente cumpleaños se le vuelve a dar la segunda que es idéntica a la primera y cuando ella me reclama se le dice: «no sabes lo difícil que fue encontrar la misma tarjeta porque es la única que puede manifestar apropiadamente lo que siento por ti».

Otro recurso que he usado es comprarle un llavero en forma de un osito o de alguna caricatura animada y cuando se lo doy le digo: «cuando lo vi tuve que comprarlo porque me hizo que pensara en ti».

Para finalizar, sugiero que, si quiere llevar una vida normal y saludable, evite ser el retrato robot del hombre perfecto y si usted vislumbra que ha empezado a personificar a este siniestro personaje, le recomiendo que busque la ayuda de un experto y que empiece a aceptarse a sí mismo.

---

14. *Las reglas de David X, e-book*, pág. 22

## Algunas plantillas alternativas para este procedimiento

- Tú sabes bien qué ponerte para llamar mi atención.
- Me encanta como te vistes.
- Tu casa está hermosa.
- Que carro tan lindo tienes.
- Haces tu trabajo muy bien.
- ¿Cómo te iniciaste en tu trabajo
- ¿Cómo surgió la idea de poner este negocio?[15]

## Frases para realizar intervenciones reflexivas en los momentos apropiados y destacarse frente a la interlocutora

- ¿Te gustaría trasladarte a ti misma a otra época?
- ¿Cómo cuidas tu belleza externa?
- ¿Qué te pone triste?
- ¿Crees en el príncipe azul? ¿es eso posible?
- ¿Crees en el amor para toda la vida?
- ¿Qué satisfacciones te proporciona tu carrera?
- ¿Qué piensas a tu edad del amor?
- ¿Crees que hay gente se te acerca por la posición que tienes?
- ¿Cómo te ha tratado el amor?
- ¿Te consideras una mujer con suerte?
- ¿Quiénes son tus amigas dentro del medio?
- ¿Cuál es tu más grande ambición?
- ¿En qué profesión soñabas en tu niñez?
- De tus defectos ¿cuál es el que más te ha costado asumir?
- ¿Eres exigente contigo misma?

---

15. Rhodes, Manoel. *La Magia de la persuasión, e-book*, pag. 217

- ¿Qué parte de tu trabajo te deleita más?
- ¿A quién admiras más en la vida?
- ¿Hay algo que cambiarías en tu vida?
- ¿Tienes algún remordimiento respecto al pasado?
- ¿Qué tipo de niña fuiste?
- ¿Enfadabas a tus padres con frecuencia?
- ¿Cuáles son tus enojos más frecuentes?
- ¿Qué crees que se necesita para tener una vida equilibrada?
- ¿En qué te consideras afortunada?
- ¿Viviste alguna vez un amor imposible?
- ¿Te gusta sentirte admirada?
- ¿Qué piensas a tu edad del amor?
- ¿Eres fácilmente aceptada por la gente
- Eres mi persona favorita para pasar el tiempo.
- He aprendido mucho conversando contigo.

Una cosa en la que hay que reparar es que estas preguntas son una comunicación de impacto que hacen que la chica soñada exprese lo que ella piensa desde lo más profundo de su ser, pero vale recalcar que usted tiene que asegurarse que para entrar en este trance se hace imperioso eliminar interferencias y en especial el desinterés de parte de usted en algún lapso de la conversación.

## Cuaderno de tareas

Revise con atención todo el material que aquí hemos visto y llévelo a cabo con aquella mujer que lo tiene deslumbrado o con alguna que nunca le ha prestado atención, pero buscando el momento en que ella esté distendida o también lo puede hacer con una perfecta desconocida como fue el caso del presente ejemplo.

## Algunos indicios para resolver el cuaderno de tareas

Puede usted reparar en el hecho de que, si no está usted habituado con lo que aquí le he dicho, será imposible que lo digiera o que lo lea solo una vez. Es necesario que lo repase con minuciosidad antes de llevarlo a la práctica y si fuera posible, que los ensaye con alguna chica por teléfono sin usar el modo de video llamada porque así puede ensayar teniendo el papel en la mano sin que ella se dé cuenta que lo que usted hace, porque es algo que lo está leyendo.

También le sugiero que no empiece a ensayar con la mujer que más le guste, sino que lo haga con mujeres que sean por demás inofensivas, ya que así usted va a obtener muchas conclusiones valiosas antes de llegar al objetivo que se ha propuesto.

Otra advertencia; como producto de mi propia experiencia, al pasar el tiempo se me hizo fácil soltar las frases que me había aprendido como si de forma repentina viniera a mí un feliz y acertado pensamiento. Gracias a este procedimiento con algunas mujeres (aclaro que no con todas) me vieron como un modelo de todas las perfecciones e incluso pensaron que yo tenía cualidades que le faltaban a otros hombres. Ante esto último vuelvo a hacer hincapié en que no se puede encarnar al hombre perfecto porque si así usted lo intenta hacer, va a empezar a tropezar con grandes dificultades en poco tiempo.

Advierta usted que el gran protagonista de este juego es usted, recuerde también que el éxito de atraer a la mujer que ama no puede dejarse en manos de la casualidad, sobre todo si no se encuentra a gusto con el éxito que hasta ahora ha cosechado con las mujeres, por eso le pido que siempre tenga el empeño necesario para avanzar en esta aventura teniendo en cuenta que el peor enemigo que tiene al frente, es usted mismo, o sea ese hombre que fue en el pasado alguna vez y que fracasó a la hora de querer conquistar a la mujer soñada.

# CAPÍTULO 11

## Cautivar a una chica usando un lenguaje entretenido.

Según el sitio de internet *El Imparcial*[16] la cifra de cónyuges con 20 años de diferencia se ha duplicado en los últimos 10 años. Las preguntas que saltan a la vista son: ¿puede una relación ser satisfactoria y duradera habiendo entre sus miembros una amplia diferencia de edad? ¿Hay alguna posibilidad de éxito en estas parejas?

Dada la incredulidad repetida de la sociedad cuando se habla del amor a largo plazo, más nos vale centrarnos en gozar de la satisfacción que nos proporciona mientras dura la relación. Veamos un ejemplo:

Elizabeth S. en la época de los acontecimientos era una chica de 20 años; hermosa, instruida y alumna de una carrera de finanzas; con un rostro dulce y se puede decir que todo cuanto decía y hacía parecía muy sensato; laboraba como asistente de gerencia en una gran institución del sector financiero y de vez en cuando prestaba sus servicios como modelo en una importante agencia de este género.

A pesar de los despistes que a veces tenía al conducirse en el trato social, todo quedaba compensado por su expresión de bondad, naturalidad y decoro.

Cierto día mientras ella se alistaba para ir a su trabajo llegó a su casa Rafael. M, un hombre de edad madura que al saludarla le hizo saber lo bien que lucía y ella le contestó que no le gusta escuchar piropos de viejos rabo verde a lo que Rafael le respondió: «la última mujer que me dijo eso me terminó

---

16. https://www.elimparcial.es/noticia/21610/sociedad/la-cifra-de-conyuges-con-20-anos-de-diferencia-se-ha-duplicado-en-los-ultimos-10-anos.html

acosando sexualmente durante 3 años, ya me está asustando».
Ella pareció intranquilizarse más porque las palabras de Rafael
le habían picado en lo más vital de su orgullo. Es evidente que el
señor M. se dirigió a ella sin muestras de sentirse apocado, como
sucede en común en los hombres mayores cuando hablan con
una mujer joven.

Rafael era el administrador de un local donde los padres de
la joven adquirían una infinidad de enseres y cierto sábado en
que ella fue con su mamá al almacén donde Rafael presta sus
servicios la chica se disculpó por su conducta de la vez pasada y
empezó a decirle que, para compensar el comportamiento de la
vez anterior, ella lo quería invitar para salir a una discoteca y que
se arrepentía de lo que le había dicho.

«Yo era un hombre que, a mi edad, había tenido muchas
desazones en mi vida sentimental y nunca me había casado»,
relataba Rafael ante su grupo de compañeros de clases. «Me
había inscrito en los cursos que usted imparte porque quería
encontrar una manera de poder formar un hogar, aunque sabía
que este tipo de relaciones tiene una fecha de caducidad. Pero
el tono caprichoso y frívolo con el que esta chica me trataba me
hacía sentir muy atraído».

«Esa noche salimos y después de empezar a ser pareja, le
puse un pequeño collar y le dije: "no eres una ladrona ¿verdad?"
ella me dijo que no, y yo le dije: "quiero este collar de vuelta",
eso arrancó en ella una carcajada y unos días después me lo fue
a devolver».

«Mi matrimonio con ella fue muy feliz durante 5 años
y la muerte nos separó porque falleció en un accidente
automovilístico».

Este tecnicismo usado por el señor M. nos proporciona una
realidad que es conocida como cookie & funny donde se hace
uso del humor para neutralizar las defensas naturales de una
mujer e impedir que se vuelva nuestra acusadora.

Se trata de una técnica donde se malinterpreta en forma cómica lo que ella dice o hace y se la conduce al lado deshonroso con algo de diversión lo cual es una forma de convertirse en un desafío interesante para ella.

## Algunas precisiones útiles e importantes

- Las incriminaciones, la desconfianza y la malicia expresada de una manera desenvuelta y divertida es una técnica que puede ser interpretada como involuntaria y son mecanismos espléndidos a la hora de dar un punto de quiebre a una interacción que se estaba poniendo adversa.
- Con este mecanismo usted se convierte en el indagador y no en indagado.
- Se logra anestesiar las defensas de la chica.
- Para ser bueno en este arte se hace necesario tener unos reflejos involuntarios rápidos para que, con una simple maniobra, las cosas que se estaban poniendo turbias empiecen a jugar a su favor.
- Hay que evitar ser payaso.
- Evitar chistes inadmisibles y bromas macabras que puedan traer consecuencias legales porque hay mínimos valores de decoro, tolerancia, y sobre todo de sentido común que hay que observar.
- Se trata de crear una frase humorística que esté creada con respeto y buen gusto.
- Recuerde que la línea divisoria entre esta técnica y la de un patán áspero es muy delgada.
- Vale recordar que no hay barra libre para el humor porque una broma cuando se reitera más de una vez deja de ser divertida, en otras palabras, no hay que pasarse de la raya.

- En el presente caso, esta técnica le dio un respiro mental al protagonista del ejemplo cuando la chica le dijo que era un viejo rabo verde y además le ofreció un desapasionamiento ante una situación de tensión que amenazaba desbordarse.

- Esta técnica es útil para conjurar nuestros miedos.

- Este mecanismo es eficaz para emitir de forma simultánea una abundante cantidad de mensajes que van a influir de manera positiva en el engranaje que usted tenga.

- El término *cookie & funny* (c & f) como su nombre lo indica hace referencia a la arrogancia y a la diversión, aunado con un poco de atrevimiento que en definitiva busca crear el montaje de una comedia arrogante.

- El propósito de estas frases es producir un efecto en las inseguridades de la receptora.

- El c & f y el nega tienen muchas semejanzas a veces, pero hay que recordar que el nega busca como fin bajar el valor de la chica y nosotros por nuestra parte nos incapacitamos de tal manera que le da una apariencia de infantilismo o metida de pata de parte nuestra, donde se ofende a la chica sin una intensión aparente de hacerlo y queda en duda si se lo hizo con intensión o no, pero no apela al humor. En el c & f en cambio lleva sobreentendido de que se trata de un juego y no nos descalificamos y admitimos que estamos cortejándola, haciendo uso del buen humor.

- En el nega nos toca en la mayoría de los casos tomar la iniciativa y en el c & f ya ha empezado algún tipo de interacción y está implícito el cortejo.

## ¿Con quiénes usarla?

- Se la debe de aplicar a aquellas mujeres atractivas que están acostumbradas a que hombres babosos se les estén insinuando todo el tiempo con adulaciones baratas.
- Con mujeres incomprensibles y falta de razón.
- Con mujeres que tienen pasión por las discusiones y arrebatos bélicos.
- Con chicas que se sienten superiores a nosotros.
- Con chicas que ponen en tela de duda nuestros méritos y aparte de eso no nos demuestran ningún interés.

## ¿En qué circunstancias usarla?

- Cuando ellas nos increpan por algún defecto nuestro, este mecanismo es eficaz para lograr revertir esa situación.
- Cuando nuestro propósito sea tumbar una barrera que ella ha levantado.
- Cuando notemos que estamos a las puertas de un desacuerdo en que a leguas de distancia se nota que vamos a salir mal parados.
- Cuando lo que buscamos es bajar las defensas de la chica y adicionalmente también buscamos hacerla más vulnerable a nuestras insinuaciones.

## Algunas plantillas alternativas

- La última chica que me dijo eso terminó en mi cama ya me estas asustando.

- Estas muy maleducada y tensa. Deberías de poner los pies sobre la tierra.
- <u>Ella</u>: no salgo con hombres sin méritos

  <u>Usted</u>: ni siquiera con hombres sin mérito

  <u>Usted</u>: tengo un amigo que sí, si quieres te lo presento.

  <u>Usted</u>: bueno la verdad es que yo tampoco salgo con mujeres con poco intelecto, pero contigo haré una excepción.
- Te entiendo, yo también estuviera molesto con la vida si tuviera esa cara.
- Eres adorable, te voy a adoptar como mi hermanita menor.
- Deberías de hacer algo para mejorar ese ceño tan adusto.
- Esa no es una conducta adecuada para alguien de tu edad.
- Mejores personas me han dicho cosas peores.
- No sé cualidades especiales puedes tener para compensar esa actitud que tienes para conmigo.
- Tu eres una de las razones por las que el mundo está lleno de señales de advertencia por todos lados.
- No tengo una respuesta adecuada para alguien de tu edad.
- Si lo que quieres es criticarme no hace falta que seas tan agresiva.
- Me asombra como le pones tanto entusiasmo a algo tan discutible.
- ¿Cómo hiciste para no enloquecer a tus padres?
- No me puedes culpar de todas tus contrariedades
- Todos los que se oponen a tus ideas son considerados por ti como los causantes de todos los males de la nación.

- Voy a meter tus opiniones en una cuenta bancaria para ver si me generan algún interés.
- Felicidades, acabas de armar un drama por nada.
- ¿Cuál es el objetivo de que todo el mundo sepa lo que compras, a dónde vas y cuál es tu salario?
- Parece que tienes un carácter muy fuerte, ¿fuiste lista en tu infancia?
- Esto es una novedad para mí ¿pasa siempre así?
- Por todos es conocida tu belleza, pero ¿qué es lo que hace que vuelvas locos a los hombres? (Si ella se empieza a jactar de que tiene muchos admiradores).
- ¿Estás segura de que eres soltera? Eres difícil de complacer.
- Nunca había tenido la autoestima tan alta (si nos dice algo desagradable).
- Las mujeres que me conocen se enamoran perdidamente de mí.
- Lo siento la última chica que invité a una copa me terminó acosando sexualmente durante un año y no quiero volver a pasar por lo mismo.
- Yo tampoco estoy buscando una relación y menos contigo (puede ser interpretado como nega).
- Es bueno que seas tan linda porque el día que la belleza se haya ido vas a estar en verdaderos problemas.
- Te das cuenta de que continúas hablando ¿verdad?
- No sé qué estupefaciente estarás tomando, pero seguro que hay centros de recuperación para eso.
- Camarero, por favor no debe de seguirle trayendo más alcohol.
- ¿Pusiste alguna droga en tu copa?
- Apuesto a que tienes un lado sensible en alguna parte solo que no te gusta revelarlo.
- ¡Vamos! Despójate de ese antifaz de mujer malvada y muéstrate tal como eres en la realidad.

- Apunte mental. Nunca salgas con ella.
- ¿Tienes algún sobrenombre cariñoso? ¿Puedo llamarte así?
- ¿Hay alguien normal hoy aquí?
- ¿Llevas poco tiempo en tu trabajo? (Si una empleada nos trata mal).
- Es cierto, viéndolo bien debería de cobrar mis servicios como acompañante de señoras (si nos dice que somos muy jóvenes).
- Menos mal, ya empezaba a sentirme acosado (si nos dice que no somos su tipo).
- Que bien, ahora me siento seguro. Tenía miedo de que en cualquier momento te me lanzaras pidiéndome sexo.
- ¿Tienes 22 años? ¿Hace cuánto?
- ¿Cuántas copas te has tomado?
- Parece que alguien se levantó con el pie izquierdo hoy.
- Nos vamos a acostumbrar a algo que nos va a volver muy crueles.
- ¿Te arreglaste así para mí?
- Esa mirada tuya siento que me va a traer muchos inconvenientes.
- 9 de cada 10 mujeres se creen más bellas de lo que en realidad son y creo que estas en ese caso (puede ser interpretada como nega).
- Todavía no te conozco y todavía no te lo has ganado.
- No soy tan corriente como piensas.
- Lo digo como 30 veces al día y hoy he comenzado contigo (si nos dice que eso le decimos a todas).
- ¿Siempre eres tan encantadora cuando conoces a alguien que te agrada tanto?
- Estás habituada a dejar a la gente sin palabras.
- Oye, tan repugnante soy, que respondes tan mal cuando me ves.

- Te has de ver abrumada por las llamadas de tus pretendientes y por eso no me contestas al teléfono (puede ser interpretada como nega).
- No hagas que me quite el cinturón.
- Tanto que me cultivo. Vale la pena que me digas eso.
- Vas a tener que reestructurar mejor tu tiempo porque ahora estas con dos (si dice que ya tiene novio).
- ¿Qué es lo más sustancial para ti cuando decides encontrar a alguien diferente?
- ¿Tan antipático soy así de inicio?
- Ningún hombre te aguantaría un día entero.
- Si no fuera por ese comportamiento que estas teniendo conmigo, diría que tenemos una relación cordial.
- ¿Será que tienes superpoderes o algo así?
- Me tendrás que explicar bien esa lección porque ese día no fui a clases.
- Imagínate lo nervioso que me has puesto y eso que yo no me pongo nervioso así de primera.
- Veo que eres muy hostil cuando no has tomado tu siesta.
- Siempre eres así de ocurrida.
- He recibido peores críticas de la abuelita cristiana de mi vecino.
- Me gusta que vayas cambiando de idea.
- Esa no es una conducta apropiada para alguien de tu edad.
- Tu singular punto de vista me ha dejado desconcertado (se puede también decir atónito o también estupefacto).
- Ni en un programa cómico encontraría algo así.
- No pensé que fueras tan enemiga mía.
- Señorita escéptica te voy a llamar.

- Pero no por todas siento lo mismo que cuando estoy hablando contigo (si nos dice que a todas les dice los mismo).

## Si nos dice que estamos viejos

- Tengo 99 años, pero la cirugía quedó perfecta ¿o no?
- Cierto tengo una bisnieta que tiene tu edad y voy a llevarla al circo este fin de semana, ¿nos acompañas?
- Y tú una bebé para mí. Ten cuidado de que no se te caiga el pañal.
- Uno de estos días voy a llevarte a un parque de diversiones y voy a jugar contigo.
- Te voy a regalar una Barbie para que juegues.

## Cuaderno de tareas

1. Imagine el caso de alguna chica que no le ofrece ningún tipo de posibilidad y prevenga posibles respuestas de parte de ella.
2. A continuación, escriba en un papel una pequeña cantidad de réplicas de su parte usando las sugerencias alternativas que están anotadas en la parte de arriba.
3. Recuerde que no es preciso memorizar todo, sino solo aquellas respuestas o réplicas que se amoldan a una determinada situación con ella. Si no hay ninguna en la lista, entonces le sugiero que vaya al internet o que las tome de alguna película o novela que esté repleta de situaciones que le van a servir para mejorar su juego. En lo personal, he elegido muchas de las frases arriba anotadas de películas y series colombianas, mexicanas

y españolas, aunque la industria cinematográfica estadounidense también ofrece buenas alternativas.

## Indicios para resolver el cuaderno de tareas

Ante la puesta en escena de una comedia arrogante (así la llaman algunos sitios de internet a esta técnica), se hace necesario recordar que a la hora de contestar a la chica hay que hacerlo con mucha delicadeza, exquisitez y finura, algo que requiere de muchas horas de práctica en desarrollar esta destreza.

Puede percatarse que este lenguaje tiene la intrepidez de encubrir nuestras múltiples deficiencias y la receptora quedará aprisionada gracias a esta fraseología fantástica en donde solo habrá espacio para la fascinación. La esencia es empezar a ver las palabras como un instrumento para comunicar ideas y sentimientos auténticos, pero desorientando, encantando y extasiando a la chica que nos gusta.

Otra de las cosas en la que debo de preponderar es que la diferencia entre el c & f y el lenguaje normal es el que existe entre el ruido y la música: el ruido son las palabras que diríamos en circunstancias normales y el c & f es una melodía que permanece durante mucho tiempo en la mente subconsciente de la chica y termina tocando su estado de ánimo y su sensibilidad.

Insisto en que sus palabras y actitudes pueden llegar a ser sospechosas para ella y para su núcleo cercano por eso los detalles deben de ser bien calculados, de allí que le propongo que aprenda a distraer a la chica y a su entorno para que pueda crear un espectáculo que la deje deslumbrada y que no deje de pensar en usted.

Si logra perfeccionar este arte, podrá lograr que sus palabras la hagan subir a las nubes donde ella quedará despistada con suma facilidad.

# CAPÍTULO 12

## El aikido mental (versión de una psicología inversa más audaz)

El aikido es un arte marcial cuyo principio básico es: «No oponer resistencia. Los ataques son esquivados con movimientos circulares que hacen que la fuerza del adversario en su inercia dinámica le sea devuelta en su contra».

El tipo de psicología inversa que vamos a ver en este capítulo es similar a los postulados del aikido ya que busca que la misma fuerza que la chica aplicó en contra de usted le sea devuelta a ella. Veamos un ejemplo:

Hace unos años atrás Antonio S. era un profesor de una universidad privada y tenía una alumna muy atractiva que en una de las clases le hizo una buena pregunta y nuestro amigo al ver el sincero entusiasmo de la joven se entregó por completo a explicarle sus ideas favoritas y consiguió entarimar una interesante cátedra sobre el contrapeso y el equilibrio político.

Sin embargo, y a pesar de todos los esfuerzos de Antonio, la chica al final estrechó el rostro con un ademán que exteriorizaba su descontento con quien le hablaba. Era indudable que estaba descontenta con la explicación del señor S.

Luego se originó un suceso opuesto a la prudencia y a toda lógica porque cuando terminó la clase ella se le acercó para decirle: «Muchos de mis compañeros me han dicho que su manera de tratar con consideración a alumnos de cualquier condición y lo mucho que ha leído es porque desde aquí a una cuadra se nota que quiere sorprenderme porque usted está enamorado de mí».

La chica expresaba una intranquila preocupación que Antonio sabía, era cierta y al sentirse descubierto se vio obligado a contestarle: «Definitivamente, no soy buen material para ser su pareja, pero ese joven que se sienta siempre al lado suyo en las clases parece ser un buen partido para usted» luego de eso en el rostro de ella apareció un semblante tímido y se retiró del aula.

«En las siguientes clases», relata el señor S., «busqué la manera de comportarme a la altura, y al finalizar el curso, me dijo en privado que lamentaba que el curso terminara. Se quitó los anteojos, lo que cambió la expresión de su rostro, que parecía lleno de bondad, y me dijo que en el futuro, cuando yo ya no fuera su profesor y ella ya no fuera mi alumna, quería que fuéramos pareja».

«No puedo decir que la frase del aikido mental no la utilicé sin ninguna intensión, pero fue gracias a la versión avanzada de la psicología inversa que logré que ella quiera ser mi pareja y que sea ella la que haya tomado la iniciativa».

## Algunas precisiones útiles e importantes.

- Si ha sido víctima de reservas al hablar, de amenazas directas o encubiertas, de celos o incluso de una actitud de mártir de parte de una chica, entonces allí era necesario aplicar la técnica del aikido mental.
- También puede darse el caso de que ella anda deseando tener supremacía sobre usted y busca tocarle algún punto delicado. Ante eso suelo recomendar que tengan en cuenta que el que menos ama es el que tiene el control en la relación y en estos casos no nos podemos dar el lujo de ser el que más ama en esa relación.
- También puede suceder que usted piense que la única manera de mejorar la atmósfera es accediendo a las peticiones de ella, y eso no es lo más recomendable si es que usted conoce la técnica del aikido mental.

- Aunque resulta evidente que no se puede decir en cualquier parte lo que uno piensa. No obstante, sí vale la pena poner los puntos sobre las íes.

- Puede percatarse de que la diferencia entre el hombre corriente y uno que es conocedor del arte de la persuasión es que este último es consistente todo el tiempo y el hombre corriente no lo es.

- Dicho de otra manera, si una mujer lo descubre a usted siendo poco consistente entre lo que dice y la forma como actúa se sentirá menos interesada en usted.

- En el caso del ejemplo, el señor S. fue congruente con lo que dijo y se mantuvo firme en su postura hasta el final y para asumir esa actitud hay que estar dispuesto a perderla, incluso si se trata de una mujer muy atractiva e inteligente.

- Si la técnica del aikido es descubierta por la mujer entonces se puede decir que usted perdió en el juego.

## ¿Con quiénes utilizarla?

- Con mujeres que empiezan a enrarecer el ambiente e intentan someternos para tenernos bajo su control.

- Con mujeres que lo han rechazado, y usted luego se ha preguntado sobre lo que pudo haber pasado para que ella se comporte de esa manera, pero con lo único que cuenta es con suposiciones.

- Con mujeres que dejan de contestar sus llamadas, con las que le cancelan las citas o hasta lo bloquean del celular, y con las que le han pedido que las deje en paz y que no las siga importunando.

- Con mujeres que tienen varios aspirantes y usted es uno de ellos.

- Con mujeres que son el centro de la atención de las miradas masculinas a las cuales les resulta fácil descalificar a los hombres que consideran de menor valor. Es evidente que, si los contrincantes con los que usted se enfrenta tienen mayores posibilidades de conseguir a la chica, allí se hace imperioso utilizar esta técnica.

## ¿En qué circunstancias utilizarlo?

- Cuando la manipulación de parte de una chica llegó al extremo.
- Cuando una mujer nos encara para decirnos que no podemos ser pareja.
- Cuando se hace imperioso desarmar las tramas de la chica, si es que ella tiene la intensión de expulsarnos de su vida.
- Si nota que la chica lo tiene a usted anotado en la lista negra.
- Cuando se hace evidente que las defensas de ella se han activado.
- Si sabe que ella lo tiene a prueba.
- Si ve que ella está haciendo un severo proceso de selección, en esos casos este mecanismo le va a dar una mano en su empeño de conseguirla.

## Algunas plantillas alternativas

- No te aconsejo que me veas como un buen prospecto, mejor está el señor Fulano.
- No estoy buscando amarrarme y temía que pudieras entusiasmarte demasiado conmigo.

- Estas muy maleducada y tensa. Deberías de poner los pies sobre la tierra.
- Estas yendo muy rápido.
- Si no fuera por esto que me estás diciendo yo diría que tenemos una relación cordial
- Tu no das la talla para eso.
- Me gustaría de verdad entender esto, ¿qué quieres decir exactamente, cuando dices que...? (Frase utilizada por Columbo, detective de una serie televisiva que fue popular en los años 70).[17]
- Da igual que no quieras venir, de todas formas, voy a estar allá con mis amigos.
- Me juego lo que sea a que no vas a ser capaz de convencerme de que seamos pareja.
- Bueno admito que no eres fea, pero ¿acaso no sabes que cualquier mujer es bella en nuestros días? (Puede ser vista como c & f).
- Disculpa, entiendo que alguien en tu situación esté susceptible.
- Creo que estamos yendo en la dirección inversa.
- Está bien, de todas formas, no pensé que fueras a estar a la altura de las circunstancias.
- Ni se te ocurra que voy a pedirte que seamos pareja. (puede ser interpretada como c & f).
- No pensé que fueras tan enemiga mía.
- Ante todo, y por sobre todas las cosas, no pienses que quiero tener un romance contigo.
- No te aconsejo que me veas como un buen prospecto, pero ese pretendiente que tienes se ve súper interesado en ti.

---

17. Serie estadounidense en la que Columbo es un detective que nunca usa un arma de fuego y desarma a los culpables usando esta frase cuando el sospechoso dice alguna incongruencia. Fue interpretado por Peter Falk.

- No te aconsejo que me veas como un buen prospecto. Definitivamente, en el mundo en que vives hay muchas mejores opciones.
- Apuesto a que con esos otros pretendientes que tienes no eres tan agresiva.
- Bien me doy por vencido.
- Tal vez el grado del enamoramiento va a ser más profundo de lo previsto (si nos dice un insulto soez).
- La razón por la que quieres verme (hablar conmigo) es porque tienes otros pretendientes.
- Creo que eres demasiado joven para mí, si tuvieras 10 años más, quizá lo pensaría (también le puede decir que es demasiado vieja para usted).
- Definitivamente, no soy buen material para ser novio tuyo.
- ¿Cómo crees que vas a convencerme?
- Tú y yo no podríamos estar juntos, no funcionaría.
- No quiero parecer paranoico, pero ese chico que está allá parece ser buen partido para ti.
- Te ves como una mujer joven y atrayente, pero no te aconsejo que quieras ser mi pareja.
- No he logrado gozar de la simpatía de las mujeres de tu grupo, por eso no te aconsejo que me veas como un buen prospecto.
- Me da un poco de vergüenza decirte esto, pero no soy un buen prospecto para ti.
- Seamos honestos, ¿tú y yo podríamos estar juntos? No seríamos bien vistos por la sociedad.
- No merezco que una mujer como tú se fije en mí.
- No creí que te fueras a poner disgustada.

- Deberías de hacer algo para mejorar ese ceño tan adusto.[18]
- Me pregunto ¿cuánto tiempo llevas incubando esa idea?
- Tu pareces ser buena niña, pero a mí me gustan más divertidas.
- No puede ser porque a mí me gustan las mujeres más altas (jóvenes, inteligentes, etcétera).
- No sé qué voy a hacer contigo.
- ¿Siempre eres así de ocurrida? (se lo puede interpretar como c & f).
- Te imaginas solo por un momento que pasaría si tú y yo fuéramos pareja ¿Qué pensaría tu familia?
- Será mejor que no pienses que ando con juegos sucios (puede ser visto como c & f).
- En qué criterios te basas para pensar que estoy interesado en ti.
- Eres una chica rápida.
- Un buen amor nos da una mano y nos toca el corazón, y tú no encajas en ese rol.
- Interpreta mi indiferencia.
- Más vale distancias honestas que cercanías hipócritas.
- ¿Lo dices por morbo o por sentir una sensación de libertad?
- La razón por la que dices eso es porque no sabes hacia dónde se dirige tu vida.
- Si tú lo dices, pero no creo que lleguemos a tanto (a ser pareja o a tener sexo).
- Estas comenzando a asustarme.

---

18. Por su versatilidad está anotado en varios capítulos.

- Estas buscando a la persona equivocada, yo no estoy buscando amarrarme contigo (se lo puede interpretar como nega).
- Veo que eres muy hostil cuando no has tomado tu siesta (puede ser interpretada como c & f).
- Me encanta cuando hablas con ese tono malvado (puede ser interpretada como c & f).
- Imagínate lo nervioso que me has puesto y yo no suelo ponerme nervioso así de primera.
- Estas inventando las cosas que dices.
- Eso que dices no es cierto y no creí que fueras propensa a querer ser una más del montón.
- Hagamos las cosas más fáciles. No vuelvas a insistir en lo mismo.
- No quiero llegar a eso, déjalo por favor, ahora no.
- Puedes notar que cuando escucho cosas como esas la piel se me pone como de gallina.
- Antes de contestar a tu pregunta, vamos a ponernos de acuerdo qué entiendes por estar enamorado.
- Me gustaría invitarte, pero aún eres muy niña para eso.
- Estás estirada y creída. Deberías de poner los pies sobre la tierra.
- No me gustan las mujeres que son aficionadas al alcohol.
- No hace falta que me digas eso, yo no ando en busca de una relación y menos contigo.
- La razón por la que me dices eso no puede ser cierto porque no ando en busca de una relación.
- Si no fuera porque no quiero hacerte perder tu buen estado de ánimo te diría que es cierto, pero en realidad eso que dices es una ocurrencia tuya.

## Cuaderno de tareas

Para cualquier apunte que usted tenga, siempre encontrará una argumentación mejor, por eso le pido que, a los apuntes que le he proporcionado en las plantillas anteriores, les dedique el esfuerzo necesario para marcar una diferencia con lo que otros competidores pueden también estar haciendo.

Por eso le pido que en esta tarea piense en las sugerencias alternativas y en cada anotación deje un espacio de dos líneas entre una frase y la siguiente para poner allí cualquier improvisación que se le venga a la mente e incluso adáptela a cualquier otra circunstancia en la vida que no tenga nada que ver con la seducción de mujeres.

Si procede de esta manera, pronto descubrirá que muchas mujeres se sirven también de este tipo de fraseología, pero recuerde que es importante ser autónomo y no depender tan solo de lo que aquí le he anotado. Aunque, cuando una mujer le diga algo original y parece haberlo ensayado, yo aconsejo que se le responda: «es curioso, esta es la tercera vez en esta semana que alguien me dice lo mismo».

## Desarrollo del cuaderno de tareas

Se trata de fomentar el arte de plantar ideas en la mente de ella, pero soltando insinuaciones deslizables que se establezcan de manera duradera en la mente de la chica y que unos días después de haberle soltado la frase le parezcan a ella que esas ideas son propias porque este tipo de insinuación es un canal muy útil a la hora de influir en la mente de la chica que tanto le gusta.

Para pasar al siguiente nivel debe evitar proporcionarle cualquier indicador de que usted está interesado porque si así lo hace, eso significa que le está ofreciendo a ella el control de la situación y eso es perjudicial para sus intereses, y si se ve tentado a hacerlo piense como procedería si fuera una mujer maloliente de edad avanzada que le ha empezado a mostrar interés.

La frase que le haya dicho, si es que lo ha hecho de la manera correcta, es registrada en la parte más profunda de la mente de ella como una herida a sus incertidumbres y el resto del trabajo lo tiene que hacer ella misma en su mente inconsciente y su labor como pretendiente de ella consiste en abstenerse a actuar una vez que soltó la frase del aikido mental.

# CAPÍTULO 13

## El misterio: el lujo más caro del mundo

Arantxa Q. era una empleada de cierto almacén de insumos para la informática que atendía a los compradores mayoristas. Era una mujer joven que en la época de los acontecimientos se ganaba el aprecio de la gente por la consideración que demostraba a los clientes y por la afabilidad de su carácter.

Aníbal Z. por su parte era un proveedor de insumos para algunas instituciones públicas y privadas del sector rural y empezó a acudir en forma regular al almacén donde Arantxa prestaba por ese entonces sus servicios.

En algún momento, ambos empezaron a hablar con mucha animación y espontaneidad; las conversaciones giraban en torno a las novedades del día.

Cierto día en que Aníbal llegó al almacén para hacer ciertas compras, notó que se había iniciado un murmullo de voces femeninas que se alborotaban al hablar, y el señor Z. vio que en el rostro de Arantxa se denotaba un intranquilo arrebato que nunca había observado hasta ese momento.

Era evidente que la chica estaba satisfecha de poder atender al señor Z. con una insuperable prontitud y le dijo: «puedo adivinar que es usted un hombre cultivado», era manifiesto que este tipo de cumplidos solo se concedía según el grado de simpatía que ella le tuviera al cliente y el señor Z. le dijo: **«Sabe, tengo la gran actitud de tomarme la vida con alegría, mi disposición de ánimo es increíble, se puede decir que soy ingenioso y también soy explosivo en otras áreas, pero que no quiero discutirlas ahora».**

«Yo tenía ganas de bromear», me dijo el señor Z., «y parece que había logrado impactarla, pero en realidad tenía que poner en práctica el método del misterio y no podía ofrecerle pormenores sobre mí mismo ni darle aclaraciones sobre mi vida con santo y seña. Pienso que eso empezó a jugar a mi favor».

«En el pasado yo había sido rechazado muchas veces por ser como soy, así que sabía de forma suficiente que ser un libro abierto para las mujeres no me favorecía».

«Pienso que este nuevo comportamiento no solo que era el más adecuado sino al extremo conveniente y me pidió que salgamos a comer a la hora del almuerzo».

«La verdad era que hablar con aquella mujer influía favorablemente en mi ánimo y empezamos a ser pareja unos días después».

Es indiscutible que el misterio como el lujo más caro del mundo que es, jugó en esa ocasión a favor del señor Z.

## Algunas precisiones útiles e importantes

- El misterio es un recurso que sirve para lograr una conexión anímica con la chica y evita que seamos expulsados de forma prematura.
- Otra ventaja de este recurso es que nos suministra un fuerte vínculo emocional con ella.
- En estos casos cada vez que la chica se percata de su presencia, notará una agitación de ánimo muy potente y mientras mayor sea el misterio, menos razones tendrá para descalificarnos.
- El aura que está usted proyectando hará que ella quiera saber más y será mejor que aquellas veces del pasado cuando quedaban indiferentes al saberlo todo casi al instante. Ahora estarán con la curiosidad o interés en usted al pensar que es algo extraordinario, raro o poco claro, lo que provocará una suerte de hechizo duradero.

- Esto significa cautivar su imaginación haciéndole pensar que en usted hay más de lo que ella ve y allí es donde quedará aprisionada.

- En definitiva, el misterio es una de las cosas que coadyuva a neutralizar sus defensas.

- Esto se trata de un contraste entre discreción y seducción lo que al final la atormentará implacablemente.

- Que cuanto más tiempo ella invierta pensando en usted, más enamorada va a estar.

- Vale destacar que el misterio suele ser altamente adictivo, de esos que nos aíslan por completo de la objetividad y nos transportan a un lugar de ensueño y fantasía.

- La chica se verá obligada a sacar su faceta de investigadora para descifrar uno o varios inquietantes misterios.

- Ella se verá apremiada a atar cabos para llegar a la esencia del misterio.

- Tenga en cuenta que todo recurso de cualquier tipo que ella invierta en usted se irá acumulando a su favor y este artilugio se transcribe en una implicación que lo va a favorecer de aquí en adelante.

## ¿Con quiénes utilizarla?

- Sobre todo, con mujeres con las que empezamos a interactuar. No aconsejo usarla con mujeres que ya nos conocen, excepto si es que la hemos dejado de ver durante mucho tiempo.

- Con mujeres que hacen preguntas sistemáticas para ver si calificamos o no. Recuerde que esta es una forma de no ser descalificado.

- Con mujeres que actúan como un animalito implorante por saber más sobre nosotros.
- Con mujeres que se muestran impacientes y ansiosas por saber más.
- Con mujeres en exceso selectivas y exigentes.

## ¿En qué circunstancias usarla?

- Cuando ellas tienen activadas sus defensas.
- Cuando nos preguntan cosas inofensivas como la edad o en que trabajamos.
- Cuando queramos que nuestra compañía sea vista por ella como algo valioso.
- Si queremos alojarnos en sus pensamientos y que nos vincule a lo positivo.
- Cuando quiera que ella invierta más reciedumbre mental en usted que en otro pretendiente, por lo tanto, en esos casos, se hace imperioso que usted se las ingenie para estar en la mente de ella aplicando el misterio.

## Plantillas alternativas

1. *No me siento cómodo contestando a esa pregunta.*
2. *Si tú no me quieres decir algo tampoco yo no te voy a rogar que me lo digas.*
3. *Todos tenemos derecho a tener secretos y eso funciona para ambos lados.*
4. *Ser sincero no significa que tengo que confesarlo todo.*
5. *Solo estoy haciendo el 1 % de lo que puedo hacer.*
6. *¿Quieres saber tanto sobre mí?*
7. *No sé dónde estaré mañana, pero ahora estoy haciendo lo que quiero hacer.*

Si le pregunta qué edad tiene usted:

- Tengo 20 años otra vez.
- ¿Adivina?
  <u>Ella</u>: 29
  <u>Usted</u>: bastante cerca, tengo 31.
- Tengo 98, pero siempre digo que tengo 92 años para que no piensen que soy demasiado viejo.

Si le pregunta en que trabaja o a qué se dedica:

- <u>Usted</u>: ¿Adivina?
- Soy mago, piensa un número y yo te lo adivino[19]
- Clonación humana.
- Hago pruebas de calidad en preservativos.
- Hago bebés a domicilio ¿quieres una muestra gratis?
- Escribo novelas eróticas. Mi última obra se titula *La colegiala perversa*.
- <u>Ella</u>: ¿con cuántas mujeres has estado?
  <u>Usted</u>: ¿cuándo? ¿Esta semana? ¿Anoche?
- <u>Ella</u>: ¿tienes novia?
  <u>Usted</u>: En teoría no. La tuve, pero no se ajustó a mi estilo de vida libre.
- <u>Ella</u>: Eres un chico divertido (seguro de ti mismo), ¿verdad?
  <u>Usted</u>: Y eso te gusta ¿verdad?

Si le pregunta su nombre:

- <u>Ella</u>: ¿cómo te llamas?
  <u>Usted</u>: ¿y tú?, ¿de color llevas el *brasier*?
  <u>Usted</u>: ¿Podrías mostrarme tu documento de identidad por favor?

---

19. Ir al sitio: https://redescolar.ilce.edu.mx/20aniversario/componentes/redescolar/act_permanentes/mate/mate2l.htm

- Usted: ¿cómo no sabes quién soy yo? ¿No tienes televisión en tu casa o qué?
- Usted: Lo siento eso sería proporcionar demasiada información.
- Usted: Tranquila, ya tendrás tiempo de saber quién soy y de desgañitarte gritando mi nombre como una mujer perturbada.
- Usted: Esta noche una chica gritará mi nombre muchas veces, así que te pido que permanezcas vigilante, ¡ok!

Nota: en lo personal aconsejo utilizar las 7 primeras respuestas porque son las que me han dado mejores dividendos.

## Cuaderno de tareas

Para poner en práctica esta fabulosa técnica, le sugiero que busque a cualquier chica que ya no vea hace tiempo o a una nueva conocida y cuando empiece a hacerle preguntas personales, contéstele en concordancia con lo que aquí hemos visto.

## Algunos indicios para resolver en cuaderno de tareas

Este tipo de seducción avanzará con poco esfuerzo de parte de usted si pone a funcionar este mecanismo, logrando mantener polarizada la atención de ella por un tiempo prolongado, sobre todo teniendo la imagen de usted incrustada en su mente y en su corazón.

Como puede imaginar, si es que usted utiliza algunas de las frases que aquí hemos anotado, va a ser sencillo crear ese misterio.

Indiscutiblemente, ella va a verse bombardeada de muchos pensamientos y esos pensamientos serán muy sugerentes y prolongados.

Otra de las ventajas es que esta técnica es una especie de encantamiento perdurable que hará que ella piense en usted en ausencia.

Vale también recalcar que las frases que hemos visto incitan a que la chica trate de decodificar todo lo que usted le ha dicho. De hecho, la mente de ella no sabrá cómo salir del laberinto en que usted la tiene aprisionada, excepto a través de la amnesia, pero la ausencia de memoria no forma parte de lo que aquí estamos viendo, en cambio el esfuerzo de ella por olvidar, sí le va a reforzar la remembranza del hechizo a la que usted la tiene sometida.

Por todo lo anotado, le aconsejo que ejecute este procedimiento y la recompensa será que ella se sentirá forzada y magnetizada con el misterio que usted representa.

# CAPÍTULO 14

## La falsa invitación

¿Le gustaría que cuando se encuentre en la etapa de la interacción inicial con una chica, ella se encuentre en una disposición adecuada para los intereses de usted, de tal forma que ella se sienta tan cómoda como si ya hubieran empezado a ser su pareja desde hace un tiempo atrás?

Esta técnica es prima hermana de una que hemos visto en un capítulo anterior que trata sobre la falsa aceptación. Qué pasaría si conoce a una chica desde hace algún tiempo y que estaría encantado de saber más de ella con la intención de ver si pueden llegar a algo más, pero se siente usted cohibido a la hora de invitarla a salir. Veamos un ejemplo:

Carlos Alberto T. es un ayudante de gerencia del departamento de adquisiciones de una empresa comercial que se especializa en la comercialización de perfumes de marcas de prestigio y cierto día recibió la orden de acudir a una casa abierta de un conocido mayorista que estaba por ese entonces lanzando nuevos ítems al mercado.

El señor T. lo único que quería era salir del paso y quedar lo mejor posible con sus superiores ya que una de sus obligaciones era atender a proveedores, pero al llegar a ese showroom no pudo quedar indiferente ante la belleza de una modelo que esa empresa había contratado para esa ocasión.

Era una joven muy cuidada, de alta estatura y aire angelical. Esta modelo con su espontaneidad característica de esa profesión, lo condujo por todo el salón mostrándole a Carlos Alberto los nuevos productos que se habían introducido al mercado.

Más adelante nuestro amigo vio a otras dos modelos; la una tenía un carácter más alegre y reidor y la otra se mostraba más adusta; la primera de ellas dio las espaldas para disimular su risa, que a lo mejor fue ocasionada porque se notaba que el señor T. había quedado hechizado por la belleza de la modelo que lo estaba atendiendo.

Nuestro amigo sabía del lado burlesco del asunto y pensaba que aquella otra modelo apenas cohibía su hilaridad. El semblante del señor T. adoptó un gesto involuntario de alegría y dejó escapar su acostumbrada sonrisa de bondad, que en esa circunstancia resultaba sumamente inadecuada.

Al terminar esa tarea, el señor T. salió un poco avergonzado de ese recinto, pero sin dejar de pensar en la bella modelo.

Al pasar el tiempo, cuando Carlos Alberto pensó que cualquier esfuerzo que él hubiera hecho por no hacer el ridículo hubiera sido en vano, pero cierto día le anunciaron que en la antesala de su oficina lo esperaba una representante de la empresa mayorista que había visitado unos días atrás.

Cuando vio que la representante de esa empresa era la misma modelo que ahora ya pertenecía a la nómina de asesores comerciales, una sonrisa de alegría iluminó su rostro, y con un semblante resplandeciente de felicidad la invitó a pasar.

Nuestro amigo le hizo un pedido acorde con las necesidades de inventarios de la empresa de ese momento, pero buscaba la forma de pasar al siguiente nivel que era invitarla a salir con él.

Cuando acudió a mí para solicitarme un consejo le sugerí algunas frases que a mí mismo me habían dado resultado muchas veces y le recomendé una en especial con la que el señor T. quedó fascinado al escucharla.

Cuando ella lo visitó de nuevo, nuestro amigo le dijo: «el viernes en la noche vamos a ir a cenar una parrillada deliciosa en el Restaurant "Tal" con las compañeras de la oficina ¿quieres venir?».

«En tiempos pasados», dijo el señor T., «ante este tipo de situaciones, lo que yo hacía era decir las cosas de forma más directa, y si no aceptaba después de tanto insistir, me olvidaba del asunto si ella decía que no».

«Cuando escuché las posibles maneras de invitarla, yo tuve en ese instante la categórica certeza de que las cosas iban a salir como yo esperaba».

«A pesar de la supuesta vivacidad y la insistencia con la que le solicité que venga a la cena, ella me dijo que no podía darme una respuesta en ese momento y que le dé un par de días para darme una contestación. Posteriormente ella me telefoneó para decirme que no podía ir, pero unos días después me dijo que ella quería invitarme para ir a la playa. El resto fue el más bello episodio de mi vida, pero lo mejor fue de que pude percatarme que la falsa invitación ejerció en ella un enorme vigor».

Por lo visto a partir de la experiencia del señor T. puedo decirle a usted amigo lector, que se aproveche de este recurso para salir con aquella mujer que tanto le gusta y si es usted demasiado tímido para pedírselo directamente lo puede hacer por mensaje de texto porque si no viene, eso robustece la inclinación de ella para para salir con usted en el futuro.

Esta técnica de la falsa invitación[20] yo la descubrí de forma accidental unos años antes de leer a Mario Luna, y fue cuando en una ocasión una hermana mía y su esposo me obsequiaron dos boletos para asistir a un concierto de un cantante famoso. No obstante, ellos me regalaron esos tickets porque ya faltaban pocas horas para ese evento y a ellos se les imposibilitaba ir debido a un contratiempo de último momento, así que yo llamé a una chica que en ese entonces a mí me gustaba mucho para invitarla, pero ella me dijo que la llame más tarde porque en ese momento no me podía dar una respuesta.

Unas horas después la volví a llamar y me dijo que los padres no le permitían ir debido a que era una invitación de último momento y que era probable que esas entradas yo las había

---

20.  Luna, Mario (2007). *Sex Code*. Editorial Nowtilus, Madrid. Pág. 610.

comprado para ir al show con otra chica que se había negado a salir conmigo y que por eso no podía acceder a mi invitación.

Al final, no fui a ese evento, pero unos días después fue ella la que me llamó para disculparse e invitarme para que saliéramos a una presentación de patinaje sobre hielo y en esta ocasión fue ella la que compró los boletos para ese show.

Puede usted apreciar amigo lector que en ambos casos hubo un elemento que desanimaba e intimidaba a las chicas de aceptar la invitación. En el primer caso se trataba de una invitación en donde el señor T. iba a ir acompañado de otras chicas y en el segundo caso, la chica no aceptó porque se trataba de una invitación de última hora en donde quizá, esos boletos yo los había comprado para salir con otra mujer. Sin embargo, la gran lección que nos dejan estos dos ejemplos es de la desmedida potencialidad que contiene una falsa invitación.

## Algunas precisiones útiles e importantes

- La falsa invitación inspira una emoción intensa, lo que facilita que una maniobra de seducción de parte de usted obtenga un resultado satisfactorio.

- Debo subrayar que para casos como este, algunas mujeres estarán incondicionalmente abiertas para que después sean ellas quienes tomen la iniciativa de atacar, aunque sí pudiera haber casos de chicas que tomen este artilugio con indiferencia.

- Es evidente que esta técnica será un enigma para ella, aunque la buena noticia es que la situación siempre estará bajo nuestro control, y, por lo tanto, siempre habrá la posibilidad de que usted se retire con el orgullo intacto si es que las cosas no salen como esperaba.

- Para reconocer el ambiente hay que tener en cuenta las reacciones previas de ella y ver si está abierta a la influencia de usted.

- Vale destacar que la invitación es algo que usted tiene pensado hacer con o sin la presencia de ella.
- Lo importante es que aquí ella tiene que quedarse con la idea de que se está perdiendo de algo que vale la pena.
- La parte buena de este recurso es que no lo lanza a usted a una situación en la que busca agradarle a la chica o por lo menos no lo pone intranquilo e inseguro.
- Para la falsa invitación solo es necesario que usted conozca el sitio donde va a tener lugar el supuesto evento, y debe de cruzar los dedos para que ella no acepte. En el supuesto caso de que aceptara ir, debe de decirle que al final hubo un cambio en los planes y que en última instancia no fueron a ese lugar.
- Como ya lo he dicho con anterioridad, este tipo de invitación no lo compromete a usted porque no implica una obligación o coacción de parte de usted.
- La esencia del asunto consiste en que con esta técnica a ella no se le ocurrirá la idea que usted intenta presionarla y que además no se sentirá como el botín o el trofeo de guerra.
- Que este recurso es un poderoso estimulante emocional que lo puede sacar de la inercia

## ¿Con quiénes utilizarla?

- Con mujeres extrovertidas, porque este tipo de chicas necesitan estar en continuo contacto con los demás y por ende necesitan experimentar constantes emociones.
- Con mujeres que tienen mucha imaginación, ya que con este tipo de chicas hay la posibilidad de tener una relación de alta calidad y el interés en ambos lados se acrecentará.

- Con mujeres que tienen un temperamento opuesto al de usted.
- Con mujeres que creen que usted tiene algo que ella no posee.
- Con mujeres con las que hay un miedo innato a la apertura de parte de usted porque ellas son muy intimidantes. Si este fuera el caso, aconsejo hacer la invitación unas pocas horas antes del evento y por medio de mensaje de texto.
- No aconsejo utilizar este recurso si ella es tímida o conservadora en exceso.

## ¿En qué circunstancias utilizarla?

- Si su capacidad para atraer mujeres ha entrado en crisis, le aconsejo usar el mensaje de texto para aplicar esta técnica, aunque haya en el mundo quienes piensen que utilizar este recurso es el equivalente a una persona de bajo estatus.
- Cuando usted se encuentre en una racha adversa y quiere obtener un resultado impactante.
- Cuando queramos encontrar un atajo para obtener una primera cita.
- Cuando usted busque una justificación para crear un encuentro y hacer que dicho encuentro parezca nada ceremonioso y poco amenazante.
- Cuando una mujer se muestra reacia a quedar a solas con usted y empieza a adivinar sus verdaderas intenciones.

## Algunas plantillas alternativas

Las siguientes sugerencias alternativas no todas son falsas invitaciones sino sugerencias un poco indirectas en las que les transmite el mensaje de que usted va a estar en un sitio sin que sea necesario de que ella acuda o no, demostrándole a ella que su respuesta no va a afectar su decisión de asistir. Aunque, no olvide que para estos casos usted debe de conocer un poco a fondo sobre las inclinaciones y afectos de la chica de tal forma que no se niegue a salir con usted.

- Esta noche iré con Andrea y Mónica a bailar salsa, si quieres venir estás invitada.
- Mis compañeros de oficina y yo estamos en la lista de invitados para una fiesta en un club campestre. Ven con nosotros.
- Aquí a dos cuadras hay una discoteca, y esta es la hora cuando el ambiente se prende con más intensidad. ¿Vienes conmigo?
- Tengo que ir a la librería «Mr. Book» a comprar un libro que me han pedido en la universidad. ¿Por qué no me acompañas? Y después de eso podemos ir a tomar un capuchino.
- Unos amigos me han invitado para ir a una fiesta este fin de semana. Si estas dispuesta puedes venir, solo tienes que decírmelo.
- Hay muchas preguntas que me gustaría hacerte que tal vez ningún hombre te ha preguntado jamás, pero tiene que ser en un lugar más tranquilo y discreto.
- Tengo un amuleto único en su especie, tienes que verlo.
- Hola, solo tengo un par de minutos, pero quisiera saber si conoces un buen restaurante para almorzar.
- Bueno, me tengo que ir, pero ¿por qué no me acompañas el sábado al Malecón?

- El sábado en la noche voy a ir a cenar una parrilla deliciosa ¿quieres venir?
- Iremos a la «Parrilla del Ñato» mañana, estás invitada, tus amigas también pueden venir.
- <u>Usted</u>: El domingo por la tarde iré con mis amigos al Club Campestre de la Armada. ¿Te gustaría venir?
  <u>Ella</u>: Sí, claro.
  <u>Usted</u>: Perfecto, dame tu teléfono y te llamo para ponernos de acuerdo.
- Podría contártelo, pero aquí sería inoportuno. No te parece mejor en un patio de comidas en un centro comercial.
- He notado ciertas cosas en tu personalidad muy interesantes y me gustaría conversar un poco sobre ello, pero en un lugar más tranquilo y discreto.

## Cuaderno de tareas

1. Dedique algún tiempo a prever lo que ocurrirá con una chica al aplicar alguna de las invitaciones arriba indicadas y luego examine, ensaye y perciba como si ya hubiera obtenido el resultado deseado.
2. Alégrese de los dividendos y de todo el deleite que esta técnica le puede ofrecer.

## Algunos indicios para desarrollar el cuaderno de tareas

La ambigüedad puede ser muy intensa. El problema es que la mayoría de los hombres somos demasiado manifiestos al hacer una invitación, aunque la parte buena de este recurso es que emite indicios paradójicos, eso confunde y fascina a la chica.

En las plantillas alternativas hemos visto frases que sirven no solo para invitarla a salir sino también para abstraer o incomunicar a la chica del resto del mundo y para dejarla aprisionada en un callejón sin salida.

Para finalizar debo de decirle que este tipo de seducción que usted propone no prosperará a menos que usted pueda prolongar la atención de la chica elegida y además esta técnica le permitirá crear una suerte de fascinación indefinida que hará que la mujer se sienta intrigada.

# CAPÍTULO 15

## El extraño movimiento que hace que una mujer sienta atracción

Katherine M. era en la época en que ocurrieron los hechos una mujer que era vista por los hombres solteros como un buen prospecto a pesar de ser una divorciada de 23 años.

Para Víctor E. aquella mujer suponía la existencia de los más elevados afectos y toda clase de perfecciones bajo el velo de discreción y sensibilidad que emitía para los ojos del mundo.

Ambos eran compañeros en una escuela de idiomas extranjeros, y se pude decir que el señor E. no representaba ningún mérito. No tenía la elevada posición de sus compañeros de clase, unos eran jóvenes oficiales del ejército recién graduados que aprendían el idioma alemán porque estaban próximos a continuar sus estudios de carrera en Alemania, otros eran hijos de personajes que sobresalían en la sociedad algunos tenían cargos de relevancia en instituciones financieras, en cambio Víctor era un alumno del último año de un colegio fiscal y su padre era un emprendedor que hace poco había obtenido un crédito del gobierno para sacar adelante su actividad económica.

Para el señor E. su mayor preocupación era graduarse en el colegio y por ende terminar su bachillerato para luego ir a la universidad a estudiar una carrera acorde a la actividad económica de su familia, dicho de otra manera, era visto por sus compañeros como un hombre de poco mérito.

Después de permanecer dos semestres en aquel centro de estudios, Víctor se convenció de que esta vez no se trataba de una de las pasiones fugaces que solía experimentar en su recién terminada adolescencia.

Sabía que sus sensaciones no le dejaban un espacio de reposo y no podía vivir sin dejar de pensar en aquella hermosa mujer.

Su compañera de estudios laboraba en una compañía de elevado prestigio cuya sede principal estaba en Alemania y llegaba a clases con un uniforme en donde la falda que usaba era tan corta que dejaba ver sus bellas piernas, siempre veladas siempre de unas medias nylon color oscuro.

Víctor no interpretaba las cosas con mucha claridad, pero tenía el convencimiento de que esa mujer era perfecta, y estaba enamorado de esa indescifrable superioridad que él veía en ella.

Era evidente que era un hombre ordinario pero bondadoso al que ella lo podía ver como un amigo, pero nunca para ser amado por una mujer como ella. No obstante, el señor E. sabía que solo podía amar a una mujer bella que esté provista de un encanto misterioso como el de Katherine.

Sin embargo, Katherine vivía en una sociedad tan extraña como corrompida y nuestro amigo descubrió que ella tenía una pareja sentimental en secreto y eso provocó que los sentimientos de él se dispararan y tomó un bus de un transporte interprovincial para ir directo a mi despacho en busca de un consejo.

Después de escucharlo lo primero que pude decirle fue algo que ya lo he dicho en otros capítulos y es que el que <u>el que menos ama es el que tiene el control de la relación</u> y que él no se podía dar el lujo de perder la noción de las cosas por culpa del amor hacia una mujer. A continuación, le mostré varias opciones y a él le pareció que lo más adecuado era sorprenderla con la guardia baja porque ante una situación como esa ya no podía ubicarse en el rol del pretendiente clásico porque consideró que cualquier otro comportamiento sería desfavorable para su juego ya que sería aventurado pensar que una mujer bella y celestial como Katherine pudiera amar a un hombre brusco como Víctor, y además sería la relación entre dos seres de distinta categoría.

En cierta ocasión ella hizo referencia al novio que tenía y preguntó el parecer a todo el grupo y Víctor le contestó: «**Tu**

**novio es lindo, relindo, pero, no puede darte lo que yo puedo ofrecerte, pero es relindo[21]**».

En definitiva, Víctor había adoptado la técnica del «chico malo». No obstante, para encarnar este rol con eficacia tenía que someterse a un programa de mejora constante, ya que cuando se sienta un antecedente como este, se hace imprescindible ser congruente con lo que se ha dicho y también en la forma en que se actúa de allí en adelante.

Es evidente que Katherine quería saber que tan lejos Víctor podía llegar y la actitud de Víctor fue ignorarla porque no podía darse el lujo de ser la «figurita fácil».

El hecho era que por ser compañeros de estudios no podía desaparecer de forma física, pero ella debía de darse cuenta de que Víctor ya no se encontraba dentro de su radio de sometimiento y lo que el señor E. no podía hacer era planificar un regreso sin gloria y lo que hacía falta era que ella tenga miedo de que él se pueda fijar en otra chica.

Todo esto fue posible porque puso en marcha unas rutinas de negas y c & f con otras compañeras de ese centro de estudios, aunque en un principio tuvo un miedo natural a la apertura con esas otras chicas, pero con el paso de los días algunas empezaron a demostrarle interés a Víctor.

Cuando esto ocurrió, Katherine empezó a mostrar una naturalidad artificial y nuestro amigo empezó a obtener resultados imprevistos. Veamos el desenlace de los hechos contados por el mismo protagonista de los acontecimientos:

«Aunque yo no estaba especializado en el asunto —relata el señor E—, me gustaron todas las ideas que me mostró en la entrevista la primera vez que lo vi en su despacho, y, debido a la claridad y sencillez con que me las explicó, pude sacar adelante un asunto que antes veía cuesta abajo».

---

21.  Frase tomada de *Las reglas de David X, e-book*, Pág. 23

«Cuando Katherine me buscó para disculparse y decirme lo mucho que deseaba tenerme como pareja para toda su vida, yo me sentí en el mejor de los mundos. Yo mismo me sorprendí del aplomo y la seguridad a la hora de expresarme usando algunas de las rutinas».

«En realidad le agradezco por sus consejos y para mí fue un placer trabajar con usted en una meta que en un principio me parecía inalcanzable».

Podrá usted lector percatarse que el señor E. se volvió un hombre enigmático gracias a la fraseología que utilizó durante toda la interacción y a la larga fue lo que alimentó las fantasías de la chica y de toda la atmósfera que los rodeaba a ambos y eso lo llevó al feliz desenlace que él esperaba.

## Algunas precisiones útiles e importantes

- Una de las particularidades de este tipo de seductor es que les añaden a las mujeres una turbación fuerte de la que luego se van a volver adictas.
- Otro de los aspectos que debo de subrayar es que para adoptar este papel no hay que desempeñar el papel de Pablo Escobar o de Al Capone solo por conquistar el amor de una mujer.
- En un caso como el del ejemplo que hemos visto, si el señor E. hubiera comunicado a la chica de forma inconsciente que estaba a un nivel inferior a ella entonces Katherine lo iba a empezar a tratar como tal.
- En casos como este, se hace imperioso actuar con desapego al resultado y a lo que ella pueda pensar de usted.
- Para tener más presencia que los hombres guapos, este es un mecanismo útil para salir bien parados de este tipo de situaciones.

- También se hace imprescindible comunicarle a la chica una total falta de sometimiento hacia ella, porque caso contrario caeremos en descrédito.

- Las mujeres siempre nos van a implantar trampas para que busquemos su aprobación porque van a querer saber qué es lo que hay más allá de la fachada.

- No podemos ser el tipo de personas que se callan lo que piensan.

- Actuar como chico malo no significa tener un patrón de conducta osado en exceso.

- El personaje de Tristan Ludlow, interpretado por Brad Pitt en la película *Leyendas de Pasión*[22] es un claro ejemplo del chico malo que tiene valores, se salta las reglas, pero siempre considerando y teniendo en cuenta a los demás y eso fue lo que lo hizo ver atractivo a los ojos de las mujeres.

- Una autoconfianza exagerada o forzada puede causar la impresión opuesta y acabar siendo interpretado como inseguro o peor aún ser visto como prepotente.

- Aconsejo ver películas de James Bond (cualquiera que sea el actor que lo haya representado) que es el galán romántico por excelencia que muestra tranquilidad, autosatisfacción y naturalidad.

- Una buena forma de dar la talla para desempeñar este rol es decirle: «no te aconsejo que me lleves a tu casa, no le voy a gustar a tus padres y no les quiero hacer pasar un mal rato».

---

22. https://es.wikipedia.org/wiki/Leyendas_de_pasi%C3%B3n

## ¿Con quiénes utilizarla?

- Con mujeres en exceso selectivas que buscan sacarle a usted tarjeta roja directa.
- Cuando la mujer se haya en busca de una ficción dentro de la vida real.
- Con mujeres que no responden bien a nada.

## ¿En qué circunstancias utilizarla?

- Cuando las cosas vayan mal y lo que usted busca es crear un gran impacto.
- En etapas de crisis con una mujer.
- Cuando usted quiera convertirse en un reto para una mujer.
- Cuando la mujer empieza a sentir que tiene el control de la relación.

## Plantillas alternativas recomendadas

- Eres una chica demasiado buena para mí.
- Quisiera conocer tus reglas porque puedes tener algunas que son absurdas y limitantes.
- Si encuentras a un tipo que se ajuste mejor a tus necesidades, deber de ir corriendo tras él, porque mis reglas en ese sentido no son negociables.
- Me estás dando algunas señales y soy tan estúpido que no me doy cuenta.
- Lo peor que puedo hacer en empezar una relación con una mujer mintiéndole.
- Se supone que me gustan las mujeres (si ella lo pilla mirando a otra chica).

- No es por parecer grosero, pero tienes unas piernas hermosas.
- Ningún hombre te aguantaría un día entero.
- Esas piernas son la compañía perfecta para mis paseos.
- Yo no tengo la obligación de hablar ni tu tampoco.
- Eres adorable, te voy a adoptar como mi hermanita menor.
- Me has impactado y quisiera saber más de ti.
- <u>Ella</u>: te equivocas conmigo, yo no estoy buscando pareja.
  <u>Usted</u>: tú también te equivocas, yo tampoco busco romance y menos contigo.
- <u>Ella</u>: conozco bien a los hombres como tú.
  <u>Usted</u>: bien, entonces podemos saltarnos las presentaciones.
- Si no fuera gay serías mía (frase usada por un amigo, con chicas desconocidas o con mujeres que no ve hace tiempo).
- <u>Ella</u>: ¿vienes a ligar?
  <u>Usted</u>: ¿y tú que tienes que ofrecer para que yo quiera ligar contigo?
- <u>Ella</u>: mi novio te va a dar una paliza
  <u>Usted</u>: puede ser, pero dudo que sea tan doloroso como seguir escuchándote.
- <u>Usted</u>: ¿sabes lo que dice una chica después de su tercer orgasmo?
  <u>Ella</u>: no.
  <u>Usted</u>: pues yo sí.
- Espero que ustedes dos sean felices juntos (si la encuentra con otro hombre).
- Yo tampoco te quiero, ahora mismo mueve ese bonito trasero y sal de aquí.
- No tengo un bozal puesto para nadie.

- No sé qué tipos de drogas estas tomando, pero estoy seguro de que ofrecen rehabilitación para eso (puede ser visto o interpretado como c & f).
- Me has impactado y quisiera saber más de ti.
- Sabes, me gustaría ya haber tenido sexo contigo, pero soy muy tímido.
- Tengo poca tolerancia para ese tipo de cosas y no me avergüenza reconocerlo.
- Todos tenemos distintos niveles de tolerancia en cuanto podemos soportar en una relación.
- Tienes razón preciosa, soy un desconsiderado, un cerdo un idiota (si ella le dice que es desconsiderado, un cerdo y un idiota).
- Camarero, no debe de servirle más alcohol (puede ser visto o interpretado como c & f).
- Estas haciendo esto solo para fastidiar a tu novio o tengo alguna posibilidad de irme contigo esta noche.
- Eres muy hostil cuando no has tomado tu siesta.
- Me encanta cuando hablas con ese tono malvado.
- Deja de hacerte la difícil, bien sabes que eso a mí me sale mejor (puede ser visto o interpretado como aikido).
- Ah… así que tú eres una de esas…
- Sabes que, aunque te quites la ropa no me vas a impresionar, a mí no se me sorprende con un cuerpo, a mí se me seduce de otra forma.
- Hey, no sabía que entre ustedes se regalan ese tipo de cosas (juguetes sexuales).
- Perdona, pero ¿nunca te han dicho que tienes cara de mala?
- Hey, una pregunta… ¿crees que tengo cara de traficante?, acaban de venir dos chicas a preguntarme si tenía hierba, y antes otro tipo me preguntó lo mismo, ¿qué piensas?

- Tú y yo no podríamos estar juntos, no funcionaría (puede ser visto también como aikido mental o como psicología inversa).

-  No merezco que una mujer tan buena como tú se fije en mí.

- No hagas que me saque el cinturón (puede ser visto o interpretado como c & f).

- Yo nunca miento, en especial a las mujeres porque siempre les digo lo que pueden esperar de mí y si algo no les agrada que se busquen a otro.

- <u>Ella</u>: tú no sabes cómo vestirte.
  <u>Usted</u>: Bueno tu tampoco eres Grace Kelly[23] ¿verdad? Pero, puedo quitarme esta ropa si tú te quitas la tuya.
  <u>Usted</u>: Eso no es nada, anoche llegué a mi casa vestido de Superman con los calzoncillos arriba de los pantalones.

- Este Gabriel es muy buen chico, ¡muy buen chico!

- Tienes razón, soy tan aburrido que la gente ya no habla conmigo, solo me ven como un objeto sexual. Creo que me fuera mejor si fuera tan corriente como tú.

- ¿En serio? ¡Qué gran pelea! Y pensar que me perdí esa pelea por estar en la cama con una chica ¡Demonios! ¡Como desperdicié mi tiempo! (Si alardea que su novio sabe pelear).

- Muchas lo intentaron, pero ninguna pudo

- ¿Andar contigo cuesta tanto? Tienes que salir con otro porque yo no puedo asumir ese tipo de gastos.

---

23. Actriz de estadounidense que se destacaba por su elegancia y su inigualable belleza y que luego contrajo enlace con el príncipe Rainiero de Mónaco.

## Cuaderno de tareas

1. Empiece a practicar con algunas de las frases de este capítulo u otras que encuentre en internet y observe como le afecta en su relación con las chicas. Recuerde que los resultados se pueden ver con el paso del tiempo. Su habilidad se irá desarrollando poco a poco.
2. Memorice e interiorice 3 frases de las que hemos visto. Si no obtiene la respuesta que deseaba póngase a pensar en qué falló.

## Indicios para desarrollar el cuaderno de tareas

Para muchos puede parecer chocante que un hombre con estas características pueda ser tenido en cuenta por una mujer, pero el impacto que causa este tipo de hombre es inexorable. El chico malo brinda lo que la sociedad no aprueba a las mujeres: les promete una hazaña de deleite incondicional.

Una mujer puede sentirse hastiada por el papel que se espera de ella al verse sometida a la monotonía, y es allí donde viene para el chico malo un atajo similar al de las artes marciales que lo van a ayudar a sobrevivir.

La radicalidad del chico malo va encasillada con la sensación de subirse en una montaña rusa. Es evidente que la base de este personaje está sustentada en la idea de pasar de frio a caliente y viceversa de forma constante, de tal forma que la relación no pierde nunca su intensidad porque la mujer ha quedado atrapada por una inquietud en que quiere saber y experimentar cada vez más.

La mujer puede claudicar ante un chico malo para quedar desbloqueada de los impedimentos que la sociedad le impone, por eso es frecuente que una mujer virtuosa se enamore de este tipo de hombre porque al igual que a los hombres, a ellas también les atrae lo vedado, lo arriesgado e incluso lo cruel.

Es evidente que la mayor parte del material de ficción que vemos en ciertas obras literarias, en teleseries y películas están destinadas a este tipo de personaje y son las que acaparan la atención del público.

Vale destacar también que para actuar como chico malo se hace imperioso transmitir una sensación del misterio (del que ya hablamos en un capítulo anterior) y de riesgo, pero sobre todo usted tiene que actuar de tal forma que despierte en ellas el deseo de reformar al chico malo, quien explota este recurso hasta su máxima expresión, y trae como consecuencia que la chica le demuestre su deseo de reformarlo.

Otro aspecto importante que vale la pena recalcar es que ella tiene que sentir la impresión de que usted puede desaparecer de su vida de un momento a otro, porque eso le provocará una sensación de tenebrosidad y riesgo porque es allí donde se le sugiere a ella que empiece a participar de algo extravagante y sobrecogedor.

En estos casos las rutinas que estamos viendo en todos los capítulos son valiosas porque eso le proporcionará a usted un juego más sólido y lo hace ver a usted como un hombre de superior desenvoltura expresiva y eso le permitirá conducir a la chica y a todo el entorno de ella hacia la realidad que usted propone.

Vuelvo a destacar el hecho de que las rutinas son valiosas porque lo ayudarán a destacarse del resto y a su vez le ayudan a usted a desarrollar un hercúleo sistema individual.

Para finalizar hago hincapié de que las rutinas sirven para volverse un buen comunicador que termina haciendo arder en deseos a la mujer elegida, y esa realidad que usted comunicará será su arma secreta que atraerá a las mujeres como un imán.

# CAPÍTULO 16

## La técnica del desafío

## El trampolín que impulsará a la chica a dar el paso inicial

Cierto día Virgilio R. se encontraba laborando en el almacén donde presta sus servicios y recibió la llamada telefónica de Fanny E, secretaria de gerencia de una institución de prestigio, a la que había que hacerle la entrega de ciertos artículos. Por el tono de voz de aquella chica el señor R. pudo deducir que se trataba de una muchacha hermosa y además se notaba que ella se desenvolvía dentro de un ambiente de suprema distinción.

Cuando el señor R. llegó a la oficina de la chica para entregarle una mercadería que la empresa de ella había solicitado, le llevó los artículos y los documentos de recepción que ella tenía que firmar. La chica demostraba su destreza en el oficio. No obstante, no fue por eso que la mujer lo dejó impresionado ya que se notaba de manera evidente una armonía estética que saltaba a la vista, lo que le causó a Virgilio una impresión inmejorable.

La situación sentimental de Virgilio era en ese momento muy poco airosa, porque su novia de muchos años lo había terminado por medio de un mensaje de texto. Al ver a la mujer sintió que una nueva energía lo había invadido de pies a cabeza. En realidad, la chica le había causado un alto impacto.

«Al pasar los días», dijo el señor R, «pude ver que entre ella y yo había una convergencia muy alta en nuestra manera de percibir el mundo, pero el problema era la gran diferencia de edad entre ambos y a mi manera de ver las cosas, pensé que la mejor forma de conquistar su corazón era lanzándole un desafío».

«Fanny E. era una mujer capaz de poner de buen humor al más amargado y solía a veces bromear. Cuando llegó el momento de hablar de antiguas parejas le dije: "**Eres una chica muy hermosa, pero eres muy bebé para mí, seguro que todavía no sabes ni besar**"».

«Pienso que esta frase dejó en su ánimo una profunda huella y, desde ese momento me empezó a llamar con insistencia a mi oficina y luego a mi celular. Eso hizo que me invadiera el presentimiento de que una gran dicha que estaba por venir».

«Era evidente que yo le había lanzado un desafío al decirle que todavía no sabía ni besar y, ella se esforzó por demostrarme lo contrario, así que cuando en una ocasión me preguntó si yo la podía acompañar al matrimonio eclesiástico de una amiga de ella, yo accedí y empezamos a ser pareja esa misma noche, pero lo mejor de este hecho fue que la frase que le había dicho parece haber tenido un efecto extraño».

Para que el señor R. alcance su objetivo fue necesario lanzar un desafío del que evidentemente ella no pudo ser indiferente, a pesar de que el protagonista de esta historia estaba empezando a experimentar un nuevo género de vida a causa de una ruptura reciente y se esforzaba por dar la sensación de equilibrio a los ojos de la chica. Gracias a muchas horas de análisis y de estudio de varias posibilidades, logró causarle a Fanny la intriga necesaria para que sea ella la que tome la iniciativa en la interacción.

## Algunas precisiones útiles e importantes

- Como hemos dicho en capítulos anteriores, las mujeres tienen de manera innata un escudo de protección que actúa como un radar. No obstante, este mecanismo de lanzar un desafío es muy eficaz a la hora de desbloquear el radar de ellas y en lugar de seguir siendo nosotros los que tomamos la iniciativa, son ellas las que toman la delantera y nosotros los hombres pasamos a ser los acosados.

- Esta técnica puede tener algunas similitudes con el aikido mental, *cookie & funny* y con la psicología inversa, pero vale recalcar que en esos 3 casos nosotros usamos una fraseología especial al momento de ser víctima de una arremetida de parte de la chica y usábamos el mismo ímpetu de esa agresión para que las cosas se pongan a favor de nosotros. En casos como el que hemos visto y vamos a ver en las sugerencias alternativas, las cosas no ocurren de la misma manera.

- En los casos que vamos a ver en este capítulo nos estamos adentrando en un universo distinto, y a partir del desafío, los preceptos empiezan a ser distintos.

- El mundo concreto es un mundo estable y absolutista donde la gente espera que la inestabilidad no tenga lugar, pero cuando aparece una seducción eficaz como esta se desarma cualquier defensa que la chica tenga implementada en su mente subconsciente y ella se puede volver audaz si es que antes era tímida.

- La técnica del desafío puede hacer que una mujer abandone sus sueños y esperanzas para hacer el esfuerzo por cambiar y mirar más allá de los horizontes que ella se había planteado hasta ese momento, marcando un hondo contraste con la conducta de ella en el pasado.

- Puede usted notar que esta técnica es un impulso que va más allá del mezquino estimulo pecuniario, sino que es el deseo de derribar una barrera que a la mujer antes le parecía infranqueable, y el desafío es un procedimiento inequívoco para hacer cambiar a la gente con mucho carácter.

## ¿En qué circunstancias utilizarla?

- Para los hombres que han acudido en busca de mi consejo, esta técnica les ha sido de mucha utilidad, sobre todo si se han encontrado estancados en situaciones que les había provocado mucha infelicidad.
- Cuando sienta que sus esfuerzos no valen la pena y perciba que usted ya no tiene el timón en sus manos.
- Cuando usted sienta que las defensas naturales de la chica están activadas.
- Cuando usted esté necesitando de un milagro para que la mujer de sus sueños quiera quedarse con usted.

## ¿Con quienes utilizarla?

- Con mujeres con carácter fuerte, sin importar si tienen activadas sus defensas o no.
- Con mujeres extrovertidas que se empecinan en lograr lo que se proponen.
- Con mujeres que tengan gran necesidad de expresarse y de demostrar su valía, de ganar y de descollar por encima de los demás.

## Algunas plantillas alternativas

- 9 de cada 10 mujeres se creen más bellas de lo que realmente son y creo que este es tu caso.
- Ni siquiera sé si sabes besar y ya me estás hablando de romance.
- No estoy buscando amarrarme y temía que pudieras entusiasmarte demasiado conmigo.
- Estás yendo muy rápido.

- Tu no das la talla para eso. Me juego lo que sea a que no vas a ser capaz de convencerme de que seamos pareja.
- ¿Y tú que tienes que ofrecer para que yo quiera ser tu pareja?
- Bueno admito que no eres fea, pero acaso no sabes que cualquiera en bella en nuestros días (puede ser vista como aikido mental y hasta como c & f).
- No creo que lleguemos a tanto (si nos insinúa que podemos llegar a ser pareja de ella o de que se va a llegar a tener sexo con ella).
- Ni se te ocurra pensar que te voy a pedir que seamos pareja (puede ser vista como aikido mental o psicología inversa).
- No pensé que fueras tan sensible.
- Creo que eres demasiado joven para mí, si tuvieras 10 años más tal vez lo pensaría.
- No quiero apresurar las cosas.
- Definitivamente, yo no soy buen material para ser tu pareja (puede ser vista como aikido mental).
- No te puedo culpar por sentir miedo, se necesita mucho carácter para empezar este tipo de relación y quedarse allí.
- ¿Y tú que piensas hacer para convencerme? (Si nos dice que no estamos a la altura de las circunstancias para ser pareja de ella).
- Tú y yo no podríamos estar juntos no funcionaría.
- Me da un poco de vergüenza decirte esto, pero no soy un buen prospecto para ti.
- No merezco que una mujer como tú se fije en mí (puede ser vista como aikido mental).
- Tu pareces demasiado buena niña, pero a mí me gustan más divertidas.
- Deberías de hacer algo para mejorar ese ceño tan adusto.

- El concepto que tienes sobre mí no va a cambiar quien soy, pero sí va a cambiar mi concepto sobre ti.[24]
- Cuál es el objetivo de que todo el mundo sepa lo que compras, a dónde vas y cuál es tu salario.
- Disfrutas diciendo cosas tan desagradables.
- Te imaginas solo por un momento que pasaría si tú y yo fuéramos pareja, ¿qué dirían tus amigas? (Puede ser vista como aikido mental).
- Eres una chica muy rápida.
- No creí que fueras propensa a querer ser una más del montón (puede ser vista como aikido mental).
- Me gustaría invitarte, pero aún eres muy niña para eso.

## Cuaderno de tareas

Ponga en práctica estas habilidades y escoja unas tres frases antes anotadas para decírselas a una chica específica. Empiece ensayando con una chica que no se encuentre en el primer lugar de sus preferencias para adquirir vigor y tranquilidad sin poner en peligro la relación con aquella dama que más le gusta.

Si fuera posible hacerlo por teléfono (no por videollamada) sería ideal para ensayar, porque usted puede ir leyendo lo que va a decirle y de esa manera ir mejorando sus habilidades.

## Desarrollo del cuaderno de tareas

Durante este proceso la chica se va a sentir intrigada y empezará a mostrar señales involuntarias que una vez que usted las haya descubierto sabrá que llegó el momento de actuar, incluso si al principio era una mujer en exceso selectiva.

---

24. Esta plantilla y otras más están en varios capítulos debido a su alta versatilidad.

Si la mujer se encuentra en un estado de conflicto en su mente, usted debe de recordar que la seducción es un juego de distancia y aproximación, pero lo bueno es que este método no le da tiempo para considerar la posición de ella con respecto a otro hombre que también la pretende porque la situación en que usted se ha ubicado lo eleva a un lugar de preponderancia.

Lo mejor de todo es que una vez que pronunció una de las frases antes indicadas, usted pasa a ser quien lleva las riendas de la situación y empezará a mostrar seguridad y serenidad.

La chica por su parte percibirá que ha perdido la competencia e idoneidad de ser ella misma y se volverá audaz y capaz de romper cualquier esquema impuesto por la sociedad, y esto le permitirá a usted tener un amplio margen de maniobra para la improvisación lo que coadyuvará a que ella se sienta inundada por un deseo desenfrenado.

Si ella empieza a calificarse y presumir es una buena señal, pero recuerde que mantenerla emocionada hará que ella se encuentre en un estado favorable para los intereses de usted y ese será el momento de pasar al siguiente nivel.

# CAPÍTULO 17

## Hipnosis conversacional y frases ardilla

¿Está dispuesto a introducir en su lenguaje corriente una técnica de hipnosis conversacional en las que produzca en las mujeres impresiones fuertes y un gran enternecimiento de tal forma que despierten hacia usted una atracción inconsciente hacia sus propuestas?

Esta técnica está basada en la obra de Ross Jeffries, creador del método *Speed Seduction*.[25] La técnica de este autor consiste en utilizar mandatos ocultos que se encuentran disimulados dentro de la conversación ordinaria conduciendo a la mujer a conmoverse con algo concreto. Veamos un ejemplo:

David B. era un estudiante de los últimos años en informática que presta sus servicios en cierta agencia de publicidad en el área de *e-commerce*. María Fernanda G. es una abogada de espíritu independiente, ingeniosa y con un porte refinado que acudía por ese entonces al establecimiento donde labora el señor B. debido a que en la firma donde ella es socia le había encargado la elaboración de una página web utilizando el sistema de *inbound marketing*.

David estaba siempre encantado al verla llegar, el placer que le causaba la cercanía de María Fernanda era muy intenso, pero el gran inconveniente era que siempre ella lo trataba con indiferencia.

Cierto día, a David le tocó ir a la oficina de ella a la hora en que todos se retiraban a sus casas, aproximadamente a las 6 de la tarde. Nuestro amigo le explicó sobre las ventajas y los

---

25. https://pdfcoffee.com/seduccion-acelerada-ross-jeffries-3-pdf-free.html

inconvenientes comunes de ese software que ella había enviado a diseñar, pero cuando las demostraciones se terminaron, la conversación giró en torno a la vida personal de María Fernanda.

David se dio cuenta de que ella hablaba muchísimo de sí misma con complacencia. María Fernanda le contó que era divorciada y que tenía una hija adolescente. Le detalló sobre sus inicios en la profesión y sus luchas iniciales y al señor B. le tocaba amoldar su rostro a cualquier nueva circunstancia surgida de esa conversación, aunque tenía la sensación de estar viviendo una fantasía porque todo esto estaba al margen de las circunstancias frecuentes que le había tocado al conversar antes con ella.

Cuando María Fernanda le habló de su vida sentimental del pasado, David le preguntó: «**Me pregunto si alguna vez alguien le ha dicho (pausa de 3 a 4 segundos) "enamórate de mí locamente" y si se lo han dicho, ¿cuál fue su respuesta a esa pregunta?**»

Nuestro amigo temía haberse metido en una conversación embarazosa para ambos porque, aunque David tenía por regla decir con franqueza las cosas, esta técnica empezó a intimidarlo, pero ella empezó a hablar de sus más locas fantasías, lo que facilitó la labor del señor B.

«En este caso, fue imperioso dar valor a las palabras ajenas —me relataba el señor B—, pero creo que fue la historia de amor más disparatada y bella que he vivido desde que empecé a estudiar las técnicas para conquistar a una chica».

En este caso el señor B. tuvo un acceso discreto a la mente inconsciente de la mujer que quería seducir y consiguió contagiarla de emociones, evitando cualquier resistencia de parte del radar interno de ella.

No obstante, este fue un caso en que la mujer se volvió más audaz, y con la frase ardilla logró despertar el deseo femenino, alcanzando una conexión en un tiempo récord.

## Algunas precisiones útiles e importantes

- Las frases ardillas son ordenes escondidas dentro del lenguaje común.
- Las palabras «me pregunto si alguna vez», «apuesto que» y otras que están anotadas más adelante son ordenes encubiertas que se introducen en el subconsciente de la otra persona en donde la chica no podrá activar su valla de protección interna.
- Para aplicar esta técnica de hipnosis conversacional es necesario haber ganado cierta familiaridad con la chica.
- Esta técnica puede ser considerada como un atajo del lenguaje porque se va a poder despertar atracción de una forma absolutamente veloz, como le ocurrió al protagonista del presente ejemplo.
- Las palabras que siguen a continuación de las frases ardillas se las llama palabras de trance.
- Para saber usar las palabras de trance hay que sacar partido de los vocablos que ella ha pronunciado en la conversación y es allí donde se hace imperioso ser un buen oyente e incluso prestar atención al lenguaje no verbal de ella.
- En ciertos casos particulares, puede suceder que desciframos mal algunos mensajes que parecían sencillos. Si aparece alguna información sospechosa, lo que se debe de hacer es usar como palabras de trance las mismas palabras de la chica o si no, echar mano a las sugerencias que veremos más adelante en este mismo capítulo.
- Las frases que verá en las sugerencias le resultarán útiles cuando el ínstinto de su conexión con ella demande de una mayor perspectiva y usted empiece a calibrar la situación para ver si llegó el momento adecuado para soltar esos vocablos.

- La terminología que usemos como frases de trance se
lo puede hacer en base a las inclinaciones, afectos e
intereses de ella, pero también hay que prestar atención
palabras como: «observar», «descubrir», «retumbar»,
«fantasear», «imaginar», «agarrar», «atrapar», «señal»,
«rastro», «sensación», «corazonada». Si usted las
percibió en la conversación de ella, no dude en
emplearlas.

- Prestar atención en las ocasiones en que ella se distrae
y también de las cosas que se nota que le llaman
más la atención para ver de esa forma que se puede
decir a continuación de la frase ardilla que vayamos a
pronunciar.

- Vale la pena recalcar que lo importante es lograr
conectarnos con el subconsciente de la chica, porque
si fracasamos en este intento no seremos capaces de ir
más allá en esa relación.

- El trance es el reajuste de la interioridad de una persona
en el momento en que pasa de la captación del mundo
exterior hacia dentro de sí mismo con el objetivo de
meditar en forma penetrante donde ella se abstrae de
todo lo que la rodea y empieza a reflexionar sobre usted
y sus propuestas.

- El trance es un proceso de transformación.

- Cuando se entra en trance se observa una relajación
general de la persona. En los casos en que se usó la
frase ardilla aunada con las palabras de trance usted
debe de observar la conducta de la chica para ver si está
en un estado favorable para pasar al siguiente nivel. A
eso se llama calibrar la situación.

- Con este lenguaje lo que se logra es enardecer las
impresiones de la chica lo que ayuda a caldear sus
incertidumbres y la circunscribe en alucinaciones y

espejismos donde bajará sus defensas y creará un retrato idealizado de usted y de lo que le está proponiendo.

- Vale recalcar que esta técnica no siempre le va a proporcionar un romance de inmediato ya que el estado de trance lo que hace es que ella medite mucho consigo misma sobre las propuestas que usted le ha hecho. También vale considerar que desde allí ella se encuentra en un proceso de trasformación donde más adelante va a tener mayor disposición a querer entablar una relación amorosa con usted.

- Durante la marcha de este proceso pueden asomar inconvenientes que suelen venir del aspecto exterior y no se puede ignorar. Por ejemplo, si ella se entretiene escuchando la radio mientras usted le está hablando, si se encuentra cansada o cualquier otro evento que no favorece a sus intereses, eso se puede considerar como un obstáculo. Si usted nota esto en su conversación con ella lo mejor es abstenerse a continuar en ese momento a seguir con este procedimiento porque si llegara a nacer una discusión, esa sería la forma más anti seductora del lenguaje persuasivo que usted está tratando de llevar a cabo.

## ¿Con quiénes usarlo?

- El trance que se utiliza con las frases ardilla no considera ningún tipo de restricción en cuanto a las personas con las que se va a aplicar este procedimiento ya que se lo puede hacer con personas muy reflexivas, con las que son en demasía vigilantes o las que tienen demasiada fuerza de voluntad.

- Las chicas que están enfrascadas en ellas mismas son un buen punto de inicio, aunque esto es algo inevitable con todo tipo de personas. Pero si usted notó que ella exagera en ese sentido, es allí donde viene bien poner en marcha este recurso.

## ¿En qué circunstancias utilizarlo?

- Se aconseja utilizarlo cuando ya haya logrado algo de familiaridad con la chica.
- Cuando la chica le está demostrado a usted que ella tiene una identidad poderosa es un buen momento para empezar o cuando ella está tratando de calificarse para ser pareja de usted. En estos casos este interruptor suele ser muy útil porque logra hacer que ella se sumerja en un coctel misterioso y mágico de emociones que después le hará perder la razón.
- Cuando en el transcurso de la conversación se haga necesario proporcionarle a ella impresiones agudas, porque si así procedemos, se puede decir que hemos dado un gran paso hacia el siguiente nivel que es conquistar el corazón de ella.

## Algunas frases ardilla

La ventaja de estas frases es que se puede dar la orden o disposición que a usted le convenga sin perpetrar algo que sea socialmente intolerable. Veamos algunas de aquellas que yo uso con mucha frecuencia.

- Alguna vez…
- Intenta resistirte a…
- Estoy seguro de que…
- El hecho de que…
- Podríamos imaginar que…

- Imagina que…
- Una de las cosas que…
- El señor X dijo que…
- Es como cuando sientes que…
- Puedes notar que…

## Algunos patrones de trance

- … es algo digno de atención que te hayas olvidado del lugar en el que te encuentras.
- … eso te alegra.
- … te sientes bien.
- … es más grato sentarse confortablemente.
- … es incuestionable que lo puedes hacer singularmente bien.
- … de manera sorpresiva.
- … ahora si puedes ir hacia adelante.
- … no tienes que prestar atención alguna a eso, en absoluto.
- … no es necesario que me contestes ahora.
- … es posible reflexionar sobre esto con los ojos cerrados.
- … te puedes distender.
- … estas en condiciones de sentirte a gusto.
- … eres capaz de aprender de ello.
- … esto te ayudara a comprenderlo todo con pleno conocimiento de causa.
- … un intenso aflojamiento.
- … una penetrante impresión.
- … te sientes tan atraída por alguien que no puedes parar de mirarlo.
- … esperemos y veamos lo que pasa, yo volveré en cualquier momento.

- … para cualquiera es difícil imaginar que uno pueda tener miedo de sus propios pensamientos.
- … esa es la manera correcta de distenderse.
- … es bueno dejar que los pensamientos corran a todo galope.
- … puedes permitir que suceda.
- … puedes sentir y notar el efecto.
- … la vida es una sola y hay que disfrutarla al máximo.
- … y mientras te vas impresionando cada vez más, te percatarás como…
- Te puedes conceder…

## Algunas plantillas alternativas

- <u>Imagínate que</u> estás en un sitio de diversión nocturna y un desconocido se te acerca y te dice: (pausa de 3 a 4 segundos) «tú quieres hacer el amor conmigo», ¿cuál sería tu reacción a esa frase?
- <u>Alguna vez te ha ocurrido que</u> estás en un lugar público y (pausa de 3 a 4 segundos) y aparece un desconocido que te gusta mucho y quieres hacer algo para llamar su atención, ¿qué le dirías?
- <u>Alguna vez te ha pasado que</u>: (pausa de 3 a 4 segundos) te has estimulado en exceso y has sentido ganas de locas fantasías sexuales con algún desconocido.
- <u>A una compañera de estudios le pasó algo extraño</u>, vino un sujeto que se le acercó y le dijo: «Tú tienes un deseo profundo de tener sexo conmigo», ¿te ha ocurrido <u>alguna vez</u> algo parecido?

Nota: lo que está subrayado son frases ardillas.

## Cuaderno de tareas

Ponga a prueba sus habilidades como hipnotista conversacional y compagine las frases ardilla con las frases de trance. Al principio puede parecerle difícil, pero pronto empezará a darse cuenta de que las cosas funcionan.

## Algunos indicios para desarrollar el cuaderno de tareas

Los mejores seductores son diestros en fascinar y convencer utilizando los mismos vocablos, frases, creencias y certidumbres que sus interlocutoras han dicho en algún momento. Usted puede distorsionar un poquito las palabras de la oyente a su propia conveniencia, pero tenga en cuenta que primero hay que crear las circunstancias favorables para inclinar la balanza a su favor. Las frases ardilla y de trance que le he proporcionado no son mágicas, sino que necesitan de un poco de aclimatación y de un acoplamiento adecuado para que le proporcionen a usted los resultados que espera.

La esencia de todo es crear con la chica una unión correcta para tocar las emociones de ella, y para eso se hace imprescindible que usted tenga un interés genuino en conectarse con ella. Si usted logra concebir primero esa conexión en su mente, las cosas se volverán más livianas y sencillas. Si no ocurre así tendrá que volverlo a intentar con la próxima chica.

Si desea hacer una investigación más a fondo sobre estas técnicas de persuasión, hay dos textos que son muy útiles para su educación continua en estos aspectos: el primero es un texto llamado *El aprendiz de brujo, el alumno magistral* de la alemana Alexa Mohl,[26] obra que se ha convertido en una lectura obligatoria para cualquier seguidor de PNL e hipnosis

---

26. https://clea.edu.mx/biblioteca/files/original/8f46c9e43e4fc04a2dee70c240a8b660.pdf

conversacional. Respecto al título, puede asustar, pero se trata de técnicas de hipnosis conversacional aplicadas por el pionero en esta técnica, Milton Erickson. Este libro ofrece innumerables maniobras de aprendizaje en los temas que hemos visto en este capítulo que le permitirán alcanzar propósitos que usted se haya planteado y también para confrontar a determinadas configuraciones problemáticas en el mundo real.

El segundo libro se titula *PNL en solo 21 días* de los autores Harry Elder y Beryl Heather que, al igual que el *Aprendiz de brujo*, son dos autores con larga experiencia en la formación de directivos en Reino Unido y en los Estados Unidos aplicando las técnicas de Erickson.

Para concluir, recomiendo también la lectura del español Horacio Ruíz, autor de *Guía práctica de hipnosis*, este autor es presidente de la Asociación Española de Hipnosis Clásica y Ericksoniana.[27]

---

27. https://www.amazon.com/-/es/Horacio-Ruiz-ebook/dp/B00EZSCI3A

# CAPÍTULO 18

## Asume una virtud si no la tienes[28]

Janina C. era en la época en que ocurrieron los hechos una alumna de los últimos años de la carrera de gestión empresarial de cierta universidad privada de alto costo en sus pensiones mensuales. Janina era una chica con un cabello muy cuidado, muy esbelta y de aire cándido. Por su parte Norberto P. era un joven un poco mayor que ella en edad y que a veces no completaba el puntaje necesario para ser promovido a los cursos siguientes debido a que era gerente de un negocio familiar. Lo cual le consumía bastante tiempo.

Por eso cuando llegaba al aula denotaba mucho estrés si es que las clases se dictaban por las noches, aunque cuando las clases eran por las mañanas o los sábados mostraba más vivacidad y su semblante transmitía más calma y tranquilidad.

Norberto no había notado la presencia de Janina debido a que por las mañanas después de salir del aula se dirigía a su trabajo tan pronto como terminaban las clases y por las noches casi siempre llegaba con atraso, y a la hora de irse ya no estaba con ánimos de nada.

No obstante, a la fiesta de fin de año, el señor P. llegó temprano y más tarde hizo su arribo a esa reunión Janina. Al verla aparecer pudo percatarse por primera vez que era una mujer elegante y de buena presencia. Cuando pudo charlar un momento con ella, le encantó su manera de pensar porque además de hermosa demostró ser muy inteligente. Para Norberto, Janina era la más

---

28. Shakespeare, William. *Hamlet*, acto 3.

hermosa del grupo y que además había elegido para esa noche una ropa que le sacaba el máximo partido a su figura.

Sin embargo, surgieron una multitud de causas complicadas y diversas porque unos días después supo que ella era la expareja de un amigo suyo y el amigo por su parte seguía insistiéndole a ella de que vuelva a su lado, así que para que Norberto pudiera empezar un romance con Janina debían de converger muchos hechos.

Para poder motivar un suceso tan extraordinario, él pensó que la mejor manera de conquistarla era logrando que él se comportara como el premio en esa relación, en otras palabras. Norberto tenía que ser el trofeo en esa interacción y por lo tanto el objetivo de Janina.

Pero el señor P. veía que tropezaba con algunas dificultades porque a pesar de que tenía una brillante posición en los negocios, Norberto desentonaba en el ambiente académico porque no era nada brillante en los estudios. Además, sus compañeras de aula siempre estaban mal dispuestas para él debido a sus múltiples desatinos en el trato social, así que si quería que ella lo ame y lo busque debía de asumir una virtud que él en realidad no la tenía.

Por ello, para ser coherente en un papel que aún no se podía acoplar en la personalidad de Norberto, no bastaba con fingir dicha representación sino creerse metido en el personaje de ese rol. Dicho de otra manera, el señor P. se dispuso a meterse en la piel de un artista y comportarse como el premio para que sea ella la que empiece a tomar la iniciativa.

Para encajar dentro de ese marco tenía que demostrarle a la chica que los encantos femeninos de ella no lo impresionaban y que era a él a quien le tocaba calificarla y juzgarla y no lo contrario.

Por eso, para lograr el cometido que Norberto consideró que lo más prudente para un caso como el que se le presentaba era no aceptar que ella se comporte como el premio porque de esa manera, ella sería quien lleva las riendas de la situación y el señor P. pasaría a ser el personaje siniestro del episodio por perseguir a la chica de un amigo. Dicho sea de paso, a los ojos de los varones de ese curso, ella se encontraba unos peldaños más arriba que él debido a su belleza.

Cuando acudió a mi oficina a solicitarme ayuda le hice saber que, si el personaje que iba a interpretar era el del premio, le dije que en esos casos no podía aceptar que ella implante su rúbrica. De tal forma que el marco de ella no podía ser el más poderoso que el de él, porque eso sería perjudicial desde cualquier punto de vista. Lo que tenía que hacer para lograr su cometido era sub comunicarle que él era el premio.

En cierta ocasión Norberto se ofreció a llevarla a su casa desde la universidad y ella aceptó. En el transcurso del viaje la conversación giraba en torno a la fiesta de fin de año y ella le confesó que uno de sus compañeros le había dicho un exabrupto fingiendo estar en estado etílico y ella le pidió que no se lo contara a nadie a lo que nuestro amigo le contestó: «Puedes estar segura de una cosa: no soy un delatador» lo que significaba que ya había encontrado un marco favorable para sus finalidades sin que pareciera que el señor P. lo hacía adrede.

Días después Janina le contó de que a pesar de tener varios pretendientes ella prefería estar sola a lo que nuestro amigo le dijo: **«estoy seguro de que en tu interior hay una chica mala que aparece a ratos»** y ella se avergonzó al escuchar esas palabras, pero el señor P. sabía que era él quien la estaba evaluando y juzgándola y eso significaba que ya estaba empezando a sub comunicar que él era el premio.

«Pienso que después de esta conversación con ella», me contó el señor P. en mi oficina, «dentro del aula de clases, por las miradas que cruzábamos era fácil deducir que nos comprendíamos el uno al otro sin necesidad de hablarnos».

«Cierto día que la llamé por teléfono le dije: **"en la escala del uno al diez ¿cuánto me has extrañado?"** y ella me contestó veinte, lo que significaba que ya podía saltarme algunos peldaños para ir al lugar que me había propuesto».

«Al vernos de nuevo, con su naturalidad característica, la tomé de la mano y ella me sonrió con cariño y yo por mi parte le pedí que fuera mi pareja y ella aceptó».

## Algunas precisiones útiles e importantes

- Recuerde que para representar este papel es usted el que otorga el visto bueno y no puede darse el lujo de ser el examinado.

- Para interpretar este rol hay que calificar constantemente a la chica y con eso, es a ella a quien le toca dar a conocer su competencia ante usted. El papel que a usted le corresponde interpretar es el de incitarla a que ella se califique una y otra vez.

- Se puede llevar a cabo la técnica de poner y quitar puntos según como sea el comportamiento de ella. Por ejemplo, usted le dice «**estás recuperando los puntos que habías perdido**» si es que ella se portó mal y ahora le está pidiendo disculpas.

- Para actuar como el premio el requisito sine qua non es la capacidad de hablar con desenvoltura, porque si así ocurre las palabras dichas por usted ejercerán un poder perturbador en la chica y ella se sentirá consumida por lo que le diga y hará cualquier cosa por usted. Además, encontrará siempre una justificación para actuar sin inhibiciones y sin pensar en lo que viene después.

- Al embromar poniéndole una nota, otorgándole y quitándole méritos resultará para usted algo entretenido y se la conmina a moverse dentro de un puntaje, lo que la incita a que ella se vuelva la asediadora y usted el acosado.

- Si las cosas usted la ejecuta con eficacia, ella sin darse cuenta, empezará a participar en un juego raro y divertido que además le resultará un poco perturbador y ella más tarde no querrá dejar pasar esta oportunidad.

- Se debe de prestar atención a lo que las mujeres suelen decirnos y aplicándoselas a ellas mismas, por ejemplo, se le puede decir: **«Por qué será que las mujeres solo piensan en eso»** (si es que ella hace alguna insinuación de tipo sexual) o también «¿no estás muy chiquita para decir ese tipo de cosas?», este es un caso en que se invierten los roles y el hombre empieza a decir cosas que las mujeres nos dicen muchas veces, ya veremos ejemplos en las sugerencias alternativas.

- Dicho de otra forma, se trata de desmontar el juego de ellas para desarticularlas. Si es que nosotros nos anticipamos a lo que ellas suelen decir debemos divertirnos usando este mecanismo.

- Si usted aprende a actuar con desenvoltura, ella quedará atrapada en el hechizo a la que la ha sometido y para ella empezará a ser un agrado escuchar el sonido de su voz.

- Si la técnica ha sido bien ejecutada, ella hará las cosas más irracionales en el momento menos indicado e incluso hará cosas poco sensatas.

- Si lo hace con espontaneidad, esta técnica logrará que las mujeres lo busquen con vehemencia y mientras ellas más lo acorralen, más perderán el sentido de lo lógico y de lo racional.

## ¿Con quiénes utilizarlo?

- Con mujeres con las que hay un obstáculo insalvable en el camino como le ocurrió al protagonista del presente ejemplo en donde la chica era la expareja de un amigo del señor P. y el amigo por su parte no perdía la esperanza de recuperarla. En estos casos se puede aplicar esta técnica para que sea ella la más necesitada en querer llegar a un romance.

- Con mujeres en exceso virtuosas que tienen siempre activados sus mecanismos de protección.
- Con mujeres que se comportan siempre como divertidas, esta técnica puede ser muy útil.

## ¿En qué circunstancias utilizarlas?

- En los casos en que usted está compitiendo con uno o varios hombres que pretenden a la chica que usted se ha planteado como objetivo, este tecnicismo es de gran utilidad.
- Si usted quiere distinguirse de los demás hombres y volverse original y fabuloso por naturaleza y que además ser único en su género.
- Si usted carece de seguridad para emplear otras técnicas que aquí hemos visto, este recurso puede ofrecerle aquello que le hace falta.
- Si para usted es difícil que las mujeres lo persigan debido a que su apariencia no es la más adecuada, con esta técnica logrará que sean ellas quienes pierdan el control.
- Cuando quiera desactivar los procesos de defensa más absurdos que ellas hayan implementado en sus radares internos, con este mecanismo logrará dar una impresión sugerente y tentadora lo que será visto por ellas no como un rasgo particular, sino como una combinación de varias cualidades.

## Algunas plantillas alternativas

- Estas recuperando los puntos que habías perdido (si ella se portó mal y ahora pide disculpas).
- Sigues perdiendo (ganando) puntos.
- Sigues subiendo (bajando) en la escala.
- Nunca he tenido la autoestima tan alta (si ella lo critica a usted).
- Gracias. Estoy planteándome la posibilidad de adoptarte o de amarrarme contigo.
- Tienes cara de ser de esas locas que enseguida quieren casarse (si ella le dice que usted no es el hombre adecuado para ella).
- Como agradecer lo que haces por mí (yo la uso cuando ella publica en redes sociales una foto en que se ve bien o cuando ella se pone ropa sexi).
- Es increíble lo que haces para deleitarme (yo la uso cuando ella publica en redes sociales una foto en que se ve bien o cuando ella se pone ropa sexi).
- Siempre logras sacarme una sonrisa (yo la uso cuando ella publica en redes sociales una foto en que se ve bien o cuando ella se pone ropa sexi).
- ¿Quién trata de sacar ventaja de quién?
- ¿Quién exhibe una conducta dudosa de la que hay que sospechar?
- ¿Quién tiene tenebrosas intensiones?
- Es mejor que no pienses que ando con juegos sucios.
- No sé si solo eres agresiva solo conmigo o tratas así a todo el mundo.
- Si es bueno la mente no se resiste.
- Antes de contestar a tu pregunta vamos a ponernos de acuerdo en que entiendes por...
- Puedes notar que cuando escucho cosas como esas la piel se me pone como de gallina.

- Te voy a dar una carta de presentación diciendo que soy un… (según sea la acusación que ella le haga).
- Lo peor que puedo hacer es ponerme a la defensiva para demostrarte mi honestidad.
- Hay algo dentro de ti que te hace decir eso, aunque tal vez no lo creas del todo.
- Te voy a dar un premio por haberte comportado tan bien.
- Espero que no te sientas desamparada y a merced de mi voluntad.
- No tienes que actuar de cierta forma o ver las cosas desde mi punto de vista para que yo pueda estar completamente feliz.
- Esto va muy rápido. Bajemos la velocidad y disfrutemos de este momento.
- Necesito detenerme, esto va demasiado rápido.
- Siempre soñé con tener una chica tan linda como tu dándome de comer (si nos ofrece algo de comida).
- Siempre soñé con que una chica tan linda como tú cocine para mí.
- Puedes sostenerme esto un momento.
- Oh Dios, estás tentándome.
- Antes quisiera conocerte mejor.
- Solo te sientes atraída por mi apariencia.
- No pienses que me has ganado por haberme invitado una copa.
- No quiero apresurar las cosas.
- No quiero apresurar las cosas, primero necesito mucha confianza y seguridad.
- Hey no toques la mercancía, esto no es para ti ¿sabes?
- Hey, cuidado con las manos.
- No estoy preparado para una relación ahora.
- Eres una mujer demasiado bella para mí (puede ser vista como aikido o como psicología inversa).

- Sabes seleccionar ropas que sacan el máximo partido a tu figura.
- Puede que no lo creas, pero yo realmente merezco tener una chica tan linda como tú.
- Me acerqué porque eres la única chica guapa aquí y quiero conocerte.
- Yo me conozco a mí mismo más que lo que tú me puedas conocer.
- Entiendo la importancia de darle a alguien una oportunidad justa.
- ¡Vamos! Deja ese papel de hacerte la complicada que a mí me sale mejor.

## Cuaderno de tareas

Repase algunas frases y empiece a controlar la respuesta de la chica que le gusta. Utilice sus habilidades para hacerla entrar en el estado que usted desee. Empiece a esclarecer los resultados concretos de respuestas por parte de ella.

## Desarrollo de cuaderno de tareas

En un estudio del Newark College de ingeniería se descubrió que los hombres notables que habían conseguido renombre, todos tenían un alto funcionamiento imaginativo.[29]

El carburante del pensamiento es un ímpetu creativo innegable ya que todo lo que el hombre ha creado ha existido primero a nivel de su pensamiento a manera de imágenes mentales, por eso le sugiero que primero medite a nivel de su

---

29. Stone, Robert. *La magia del poder psicotrónico*. Editorial Edaf, 16ta edición, Madrid 2021, pág. 164

pensamiento en imágenes mentales todo aquello que piensa llevar a cabo antes de salir al mundo real.

Las recomendaciones que aquí hemos anotado a manera de sugerencias deben de ser aceptadas primero a un nivel alfa en su mente para luego pasar a una conducta que se ha programado con antelación.

Al ejecutar este procedimiento se logrará generar en la chica un ambiente de deleite y la técnica es simple: se trata de ponerla en un estado de ánimo donde ella no se disguste ni tampoco se lamente, y gracias a este mecanismo ella se vuelve dependiente y el cortejo se transforma en algo más placentero para ambos.

El conquistador que hace uso de estos recursos conoce el fundamento de principio a fin y subyuga a la chica proporcionándole algo que la mantiene fascinada, pero sin que la estrategia se vea demasiado obvia, sino que se la debe de aplicar con ingeniosidad para evitar que ella intuya la técnica que se está empleando con ella.

Por todo lo aquí anotado se debe primero distraerla y hasta amenizarla sacándola de sus problemas cotidianos por medio de una conducta en la cual usted se vuelve optimista y ocurrente ya que esto es mejor que ser siempre discreto y severo.

Finalmente, debo de hacer énfasis de que estudiar y ejecutar la fraseología que aquí se indica le va a dar a usted el vigor necesario para que usted se vea más refinado que otros hombres y que además de eso se vuelva encantador.

# CAPÍTULO 19

## Nadie sabe lo que tiene hasta el día en que lo pierde

Hace unos pocos años atrás Rubén B. era un joven que tenía el legítimo deseo de conquistar el corazón de una chica que lo había enceguecido. El señor B. tenía 23 años, sus padres poseían una situación económica envidiable, además de que en los entornos donde se desenvolvía era muy bien evaluado, pero tenía un gran problema: se había enamorado de una joven de 17 años que no le correspondía. Por recomendación de un amigo de él se inscribió en uno de mis cursos. Cuando llegó a mi oficina soltó un hervidero de palabras durísimas contra la chica con una gran vehemencia.

Le pedí que me explicara con claridad todo el problema y me dijo que la familia de ella tenía una pequeña papelería en una ciudadela de clase media donde él acudía con frecuencia a hacer sus compras de insumos para sus estudios universitarios, pero ella lo había rechazado varias veces sus propuestas románticas. El señor B. trataba de disimular lo más que podía su mal estado de ánimo y yo le dije que me alegraba que haya venido a verme y sobre todo ese día porque yo iba justamente a dar una clase abordando un tema que le podía serle de gran utilidad.

Esa noche hablé del tema de pasar de frio a caliente y de caliente a frío en una relación que consiste en el antiguo dicho que dice que nadie sabe lo que tiene hasta el día que lo pierde y se focaliza en el hecho de que la mayoría de nosotros no valoramos lo que tenemos y que la gran lección que este viejo proverbio nos dice es que solo perdiendo algo, es como aprendemos a valorar aquello que ya no está allí.

En el presente caso a nuestro amigo Rubén le tocaba irse al lado extremo del asunto que era desaparecer de la vida de la mujer que tanto amaba. Le dije que la lejanía era el mejor combustible para echar a andar esa relación que no iba a ninguna parte.

El señor B. era un hombre inseguro que no había logrado despertar sobre ella la menor impresión. De tal forma que para dar vuelta a ese resultado adverso era imprescindible sacarle ventaja al fundamento de la escasez y ser visto a los ojos de ella como algo único y valioso.

Sugerí en la clase de ese día que era necesario desaparecer de la vista de ella por un período de 45 días. Por experiencia propia sé que es muy difícil el primer día y también el segundo y el tercero, pero a partir del cuarto día empieza a haber algo de tranquilidad y al completar la semana, ya hay un pequeño espacio para la creatividad.

Es evidente que en esta estrategia no hay campo para la memorización de plantillas, por eso este capítulo no tiene casi sugerencias de ese tipo. Lo bueno de esta técnica es que despierta la curiosidad de parte de ella y permite hacer desaparecer algunas obstrucciones que ella tenía programadas, logrando lo que se desea sin muchos rodeos.

Esta historia se repite una vez tras otra y también siempre se repiten los mismos errores. El más común es llamarla antes de los 45 días y el otro es ir a buscar a algún amigo o amiga de ella para preguntarle cómo se encuentra la chica.

El proceso tiene algunos pasos y uno de ellos es empezar a usar esos 45 días a favor de usted, es decir hablar con otras chicas usando las técnicas que hemos visto en capítulos anteriores e incluso abordar a desconocidas en la calle o también conocer mujeres mediante el chat que son dos temas que veremos en dos capítulos siguientes de este manual.

Si usted logra activar una respuesta emocional en la chica amada, eso quiere decir que, ha llegado el momento de empezar a tener el control de la situación. Pero si las cosas no suceden así, entonces hay que seguir paso a paso la cadena de los 45 días, lo que incluye bloquearla de cualquier medio informático.

Debo recalcar que un error que comete cualquier hombre enamorado es olvidar de que siempre ella tiene que quedarse con ganas de más. Pero ¿qué pasa si ella nos llama? o si nos manda a decir con un amigo o amiga en común lo mal que está pasando o mejor aún si nos dice que se muere por volver, en esos casos el regreso le tiene que costar porque esa es la única manera de lograr que nos aprecien.

Imagine que ella lo llama y usted le dice: «**Sabes que estoy confundido porque en este tiempo me han pasado cosas extrañas y necesito tiempo**». Si usted le da esta respuesta ella se dará cuenta de que las cosas no son como la chica pensaba y las intrigas en la mente de ella se disparan.

El problema del señor B. era que antes de que aplicar esta técnica había intentado por todas las formas posibles de persuadirla y sus estrategias habían sido muy diversas. Así que le aconsejé que, se abstenga de darle señales de vida porque para ganar esa partida era necesario dar muestras de estar robusto y alegre, o por lo menos es lo que ella debía de creer.

En esta circunstancia, se hace necesario demostrarle que no está usted disponible para ella y que se le está facilitando las cosas para que ella pueda iniciar sin ningún obstáculo cualquier nueva relación con otro hombre

La estrategia sí dio resultado porque una hermana de ella lo llamó y le propuso un encuentro y, cuando salieron, el señor B. no le facilitó para nada las cosas a ella y tampoco la continuó llamando.

Al pasar los días, Rubén conoció a una chica con mejor apariencia y eso fue la mejor arma para enfrentar esa situación y la antigua chica quiso recuperarlo y ahora era a ella a quien le tocaba asumir los costos de aquella situación. Veamos el desenlace de los hechos contada por el mismo Rubén.

«A ella le costó mucho convencerme de que fuéramos pareja», dijo Rubén, «y de muchas maneras me demostró que me amaba, pero la técnica de desaparecer de su vista me ayudó a encontrar el camino de vuelta a la vida, porque volver con ella ya no era mi prioridad».

## Algunas precisiones útiles e importantes

- Si hemos decidido aplicar esta técnica, no podemos parar el procedimiento que hemos iniciado, es decir no podemos darnos el lujo de llamar a los 15 días para ver cómo se encuentra ella, porque eso significaría echar a perder todo lo que se ha ganado hasta ese momento.
- Recuerde que: <u>usted es la parte más importante en esa relación y no al revés.</u>
- Usar esta técnica es activar una impresión fuerte en la mente de ella cuando se da inicio al proceso por lo tanto en el momento en que deja de llamarla, usted empieza a tener el control de la situación y por lo tanto puede provocar la conclusión que desea.
- Al usar este artilugio, usted se empieza a distinguir de los demás competidores y también empieza a convertirse en alguien que deslumbra la imaginación de la chica proyectando la reluciente y deslizable presencia de un ser irreal.
- Esta forma de persuasión escamotea de la conciencia de la chica cualquier defensa que antes tenía activada y empieza a estimular un cambio en su mente.
- La estrategia de implorarle y mostrarse subordinado es el peor itinerario para recuperarla y esas son las cartas que no debemos mostrar, así sea que estemos sufriendo por dentro, en cambio la honra y el amor propio son las cartas que debemos de mostrarle tanto a ella como al mundo.

- Los ademanes, vocablos y términos como los que usa Richard Gere en el *Gigoló americano*[30] o de Brad Pitt en *Leyendas de pasión*, evocan tanto algo soberano como irreal, lo que los convierte en personalidades exclusivas. Eso es exactamente lo que usted logrará al anclar su imagen en la mente de ella si es que utiliza este tecnicismo.

- Con el impacto emocional que se genera con esta técnica, usted podrá enlazarse con las fibras nerviosas más insondables de esa mujer que tanto le gusta.

- Recuerde también que la pareja que usted busca es para hacer la vida más tolerable en los momentos adversos. Si la chica que usted tiene como objetivo es una mujer tóxica a quien se tiene que satisfacer a cada instante y con la que hay que estar pensando a cada momento en un mecanismo para que se quede con usted, lo mejor es que la deje que la deje ir sin un camino de reanudación de la relación.

- Esta técnica es un atajo que deja a la chica con deseos de más, pero necesita de mucho esfuerzo y dedicación de parte de usted.

- Será siempre imprescindible analizar otras opciones que pudieran ser mejores que ella porque esta es la circunstancia que puede ayudar mucho para salir avante de esta situación con el orgullo intacto.

- No es bueno aferrarse a ella como la única alternativa porque es evidente que existen otras mujeres pueden ofrecerle una mayor felicidad y satisfacción.

---

30. https://es.wikipedia.org/wiki/American_Gigolo

## ¿Con quienes utilizarla?

- Con mujeres que no quieren nada con nosotros o también con parejas que nos abandonan y nos dicen que necesitan de un tiempo para aclarar sus sentimientos. Si esto último ocurre, es porque ella ya ha encontrado a otro hombre que le mueve el piso, pero lo que quiere es que usted se encuentre cerca por si acaso las cosas le fallan, y usted empieza a ser parte de un plan B.
- Con mujeres con estándares elevados, este mecanismo es excelente para salir del paso.
- Con mujeres que nos ponen a prueba o que tienen la intensión de descalificarnos.
- Con mujeres a las que les gusta jactarse de que tienen muchos pretendientes.
- Con mujeres que lo tienen a usted a prueba de forma constante.

## ¿En qué circunstancias utilizarla?

- Cuando una mujer no quiere entrar en un estado favorable a las intenciones de usted.
- Cuando usted es muy tímido y ella por su parte, muestra un ego exagerado.
- Mientras más obsesionado usted se encuentre, es allí cuando más necesita de este mecanismo.
- Si sus capacidades de conquista son limitadas, en otras palabras, si usted carece de iniciativa y aplomo frente a las mujeres.

- Si la mujer es en exceso selectiva y exigente, usted puede primero aplicar un nega[31] y luego desaparecer por 45 días.
- Cuando usted ha hecho demasiados intentos sin ningún resultado positivo.
- Cuando usted es víctima de miedo al éxito.
- Cuando usted se quiere mostrar más poderoso que ella.

## Cuaderno de tareas

1. Si se encuentra en la actualidad en una situación parecida a la del señor B. utilice esta técnica.
2. Si no está en esta situación en el momento actual, tenga en consideración este capítulo para un momento en el futuro y vuelva sobre estas líneas y siga los pasos que aquí se indican.

## Algunos indicios para resolver el cuaderno de tareas

Cuando una mujer le demuestre desaprobación o desagrado y el estatus de usted ha caído en una espiral descendente, esta técnica le va a suministrar la actitud de un hombre con supremacía, que en la mente de la chica empieza a tener una apariencia tan exuberante que está en su cabeza en todo momento.

Esto le permitirá a la chica ver en usted lo que ella quiera imaginar o sea que será un abanico de posibilidades con múltiples interpretaciones. en otras palabras, usted se habrá introducido en la mente de esta mujer las 24 horas del día y los 7 días de la semana.

Sin embargo, imagine que usted la llama antes de los 45 días, esto sería un desastre en términos de efectividad.

---

31. Ya vimos en el capítulo 4

Si las cosas las ha hecho como es correcto, la chica va a querer saber más de usted, pero si comete uno de los errores que aquí se han mencionado, usted se convertirá en un ídolo de piedra con pies de barro. No obstante, si las cosas las ejecuta con eficacia, ella nunca dejará de fantasear y de percibir su presencia.

Por otro lado, también vale la pena recalcar que si al llegar al día 45 usted ha llegado a la conclusión de que desea recuperarla vamos a ver algunos pasos importantes:

1. Si decide volver, no puede ser ella la que impone las reglas del juego porque es allí donde usted pierde el control de la relación, lo que implica a que se pueda en cualquier momento retornar a la misma situación de antes, en cualquier momento.

2. Recuerde también que toda relación debe de estar cimentada en la atracción y fascinación hacia la pareja y, si no es así, ese noviazgo tiene una fecha de expiración. Bajo ningún punto de vista se puede vulnerar el principio de la escasez que usted estuvo tratando de establecer durante todo el período de los 45 días.

3. Durante el período de los 45 días no se puede continuar siendo amigo de ella y peor aún por redes sociales o por algún medio electrónico. Ella y su círculo cercano deben creer que a usted se lo ha tragado la tierra.

4. Imagine lo que pasará si después del tiempo que duró el alejamiento, ella lo ve de una manera distinta a la última vez que se vieron. Aquí usted debe de verse a los ojos de ella y del mundo con un mejor semblante, para eso le sugiero que haga ejercicios de manera regular.

5. Después de los 45 días usted debe de publicar en las redes sociales fotos o videos en donde se lo ve alegre en compañía de chicas más hermosas que ella, y eso lo deben de notar los amigos y amigas que ustedes

tienen en común (ella no, porque recuerde que usted la eliminó de su lista de amigos).

6.  Si ella supone que usted está abrumado por la tristeza, y los amigos le dicen que lo vieron en redes sociales disfrutando a lo grande con otras chicas interesantes, ese es un alto detonante para que quiera volver porque eso la hará sentir insegura.

7.  Las mujeres de las fotos pueden ser amigas de usted, pero bajo ningún punto de vista pueden ser amigas en común.

8.  Si al llegar al día 45, usted considera que aún debe de volver con ella a pesar de haber pasado buenos ratos con otras chicas, se hace imperioso tomar una resolución crucial; entonces, si la respuesta a este cuestionamiento es positiva, aquí vale la pena hacer un pequeño esfuerzo por regresar.

9.  Si fue ella la interesada en dar ese primer paso, usted no se puede dar el lujo de ser la figurita fácil del álbum de cromos y debe de contestarle: «francamente, no sabría qué contestarte en este momento, dame un par de días y te dará una respuesta».

10.  Si es a usted a quien le toca dar ese primer paso, le puede poner el siguiente mensaje: «el viernes iré al sitio XXX a almorzar ¿me acompañas para conversar un momento?». Como es lógico, se trata de una invitación a la que usted va a acudir, sin importar de que ella acepte asistir o no.

11.  Si ella no responde a ninguna de estas técnicas, le sugiero seguir con su vida y no volver a buscarla.

# CAPÍTULO 20

## No hay nada más encantador que una espiral ascendente

Una fría mañana de invierno. Ernesto A. estaba en la fila de una ventanilla de una conocida institución financiera de nuestro país cuando divisó que varios puestos más delante de esa columna había una mujer 100 % perfecta.

Desde que la vio, su alma se había llenado de un sentimiento extraño y placentero. La mujer perfecta siempre corresponde a un tipo de chica premeditado con anterioridad en la mente de cualquier persona, pero el problema era ¿Cómo podría acercarse? ¿Qué palabras podría usar de tal forma que ella crea en la sinceridad de su afecto? Por suerte, el señor A. tenía un cuaderno de apuntes con frases que ya las había ensayado para situaciones como estas y, al releerlas, pensó que la podía pronunciar con mucha naturalidad.

Ella estaba unos metros más adelante que él en la columna y, salió primero de esa agencia bancaria. Cuando la chica se retiró, el señor A. dejó la fila con el fin de aproximarse a ella. Al salir, el piso de la parte de afuera estaba recién limpiado y desprendía una fragancia muy agradable. Al abordarla, vio que tenía unos ojos hermosos y nuestro amigo le dijo: «**No quiero que piense que quiero amarrarme con usted, pero es una de las mujeres más hermosas que he visto a lo largo de toda mi vida. Disculpe la franqueza, pero he sido abierto y le he dicho las cosas tal como han pasado por mi mente**» después de haber dicho esta frase la chica se sonrió y los miedos del señor A. se desvanecieron. Ella sacó su celular y le pidió que repitiera aquello que le había dicho porque nunca antes un desconocido le había dicho algo similar, y parecería que este simple hecho le había dado la posibilidad de derrumbar una gran barrera y al final Ernesto le dijo: **«Sabe, sería fantástico volver a hablar con usted ¿me da por favor su número de teléfono?»**.

Ella accedió. Veamos el resultado final de los hechos contados por el mismo protagonista: «Cuando la vi yo no sabía cuál iba a ser el resultado final», dijo Ernesto, «pero, sabía que cualquier cosa que me saliera de la cabeza no iba a dar un resultado como éste. El truco fue decirle algo ingenioso que yo tenía anotado para saltar el factor crítico de la chica, pero lo bueno fue que mi mensaje fue recibido sin resistencias y sin ser detectado por el radar interno que una mujer tiene instalado cada vez que la aborda un desconocido».

«Yo sabía que mis alternativas de salir mal parado eran elevadas», añade Ernesto, «así que para sobrepasar cualquier obstáculo insuperable en el camino fue necesario haber ensayado con antelación esa frase y de haberla vuelto a repasar en el momento anterior a la aproximación que le hice».

«De hecho, aquí ocurrió un milagro con dimensiones inesperadas y no podía creer que un sueño se me había hecho realidad con tanta facilidad y que ella haya confiado en la franqueza de lo que yo le quería transmitir».

«Luego de eso ella me envió fotos por celular y cierto día quedamos que yo la iba a pasar viendo a la salida de la universidad donde ella estudia para realizar una actividad juntos».

En este caso el objetivo del señor A. fue iniciar una conversación para echar cimientos para que la interacción se dilatara de una manera indefinida. Es lógico pensar que, esa frase que ya la había ensayado para cuando se presentara una ocasión como esa, fue lo que le ayudó a salir bien parado de esa situación y le evitó caer en una calamidad estrepitosa si es que la conversación la hubiese iniciado de otra manera, e incluso nuestro amigo pudo eludir el sistema de defensas que toda mujer tiene programada en su mente de manera instintiva.

## Algunas precisiones útiles e importantes

- Las mujeres se sienten poderosamente atraídas hacia los hombres que tienen confianza en sí mismos.

- Tenga en consideración que en esta etapa el propósito no es seducirla sino distraer un poco su atención para no ser detectado por el radar de ella y que no tenga tiempo de levantar alguna barrera.

- En las plantillas alternativas usted va a encontrar algunas frases que ya han funcionado muchas veces, pero le sugiero que empiece a crear las suyas propias y que tenga una pequeña lista. Deje dos espacios en blanco entre una y otra línea a fin de que, cuando la esté repasando usted le pueda agregar cualquier cosa que se le venga a la mente.

- Le sugiero que haga la prueba con varias frases hasta que encuentre la fórmula mágica que le resulte útil con un porcentaje elevado de chicas.

- También le advierto que muchas veces no encontrará un lenguaje que se adapte a cualquier tipo de situación y todo puede depender de alguna gran improvisación que a usted se le ocurra.

- Cuando la chica le dé su número de teléfono se le puede poner el siguiente mensaje: «¿sabes con qué sobrenombre cariñoso te agregué en mi lista de contactos 😊?» y a continuación no se la debe de volver a llamar hasta después de unos días.

- Con el recurso anterior se minimiza la posibilidad de que ella no quiera contestar a una llamada telefónica posterior que usted le haga.

- A la hora de invitarla, hay que recurrir a alguna afición o interés que ella tenga y hacer que todo parezca espontáneo.

- Una buena manera de hacer que ella quiera salir con usted es prestarle algún objeto de poco valor como un collar o una pulsera y decirle: «no eres una ladrona ¿verdad?» y cuando ella le contesta que «no» se le dice: «quiero este objeto de vuelta»[32] que es un perímetro invisible y muy sensible que deja poco espacio para que se niegue a volver a salir con usted.

- Recuerde que con el uso de estas rutinas usted no tiene que poner en peligro su integridad física o cualquier cosa valiosa como su reputación. Es por eso que siempre sugiero que lo haga con chicas con las que se sienta distendido y no precisamente tiene que empezar con una mujer como era Bo Derek en sus días famosos. Al hacerlo con chicas que no estén en el lugar número uno del ranking, lo van a hacer sentir más relajado y se sentirá con más confianza cuando ya esté jugando en las ligas mayores.

- Las rutinas que aquí hemos visto son un material que le ayudarán a dar el puntapié inicial, algunas han sido extraídas del internet, otras de libros de varios autores y unas cuantas son de mi creación, aunque hay también a las que las he sometido a alguna modificación de la rutina original.

- Le sugiero que practique y que deseche lo que no le sea útil. Además, intente de que todo lo que usted dice sea natural y destacado, de lo contrario puede quedar mal parado muchas veces.

- Este recurso le permitirá iniciar la marcha de los acontecimientos con un marcador favorable. Sin embargo, recuerde que sus rivales (los otros pretendientes que ella pueda tener) no están pintados

---

32. Recurso usado en libro *Sex Code* (2007), escrito por Mario Luna, primera Edición, editorial Nowtilus, Madrid, pág. 606.

en la pared e incluso algunos pueden tener un mejor juego que el de usted.

## ¿Con quiénes utilizarlo?

- No le aconsejo que busque mujeres fáciles, necesitadas, o de bajo estatus, aunque muchas veces pueden ser útiles para ensayar las rutinas (recuerde que las mujeres a las que aborda son completas desconocidas y que usted debe iniciar una interacción desde cero por lo que muchas veces no podrá identificar a simple vista si son mujeres de bajo valor).
- Se lo puede hacer con mujeres que están solas.
- Aconsejo abrir la interacción con mujeres que se nota a simple vista que están en una actitud abierta y relajada.
- Con mujeres que se las nota que están en un estado favorable, aunque es algo que no se va a poder identificar a simple vista.
- Evite a las que se ve que están impacientes, reprimidas y con muchos problemas por resolver porque esas mujeres van a ser más complicadas.
- Al inicio se puede ensayar con mujeres que a simple vista se nota que se pueden emocionar con facilidad.
- Si encuentra a una mujer a la que la gente la admira como si fuera un objeto artístico de alto valor, le aconsejo que se lance al ruedo, sí y solo sí usted ya hizo algún ensayo de tipo mental; si no lo ha hecho le sugiero que se abstenga.
- Si se encuentra a mujeres que con un lenguaje no verbal le demuestran que están abiertas a que usted le haga una aproximación, sobre todo si usted está en una etapa de inicio en el abordaje de chicas.

## ¿En qué circunstancias utilizarla?

- Cuando usted considere que no encuentra chicas por ninguna parte y que las que ya conoce están fuera de su alcance, ya sea porque están comprometidas o porque dentro del entorno en el que usted se desenvuelve no hay en ninguna parte el tipo de mujer que se encuentra buscando.

- Si usted es de los que piensan que este es un don que solo está disponible para unos pocos predestinados, le sugiero que estudie las rutinas que aquí se ponen como sugerencias.

- El objetivo es que después usted pueda aislarla, es decir que luego de ganar cierto acercamiento ustedes puedan salir a alguna parte. Pero recuerde que si la encuentra en una papelería o en alguna farmacia es posible que detrás de ella haya un hombre que la está esperando, y que se encuentra mirando todo lo que usted está haciendo. Por eso le recomiendo que se asegure de que ella se encuentra sola en el lugar en donde usted haga el abordaje.

## Plantillas para aproximarse a desconocidas en varias situaciones.

- Piensas quedarte parada allí toda la velada ¿por qué no compartes la mesa con mi madre y conmigo?
- Disculpa, es que esa cartera que llevas es igual a una que quiero regalarle a una hermana mía. ¿Puedes decirme dónde la compraste?
- ¡Hola! Tu amiga tiene ojos de mal humor.

- ¡Hola! Te veo aquí sentada sola, bebiendo un refresco y revisando tus notas. Como también yo estoy solo pensé que podía sentarme contigo y ayudarte con tus notas.
- Solo estaré aquí un minuto así que seré breve...
- Antes de irme quisiera hablar contigo.
- No quisiera irme sin antes haberles preguntado...
- ¡Qué lindo cabello que tienes ¡es el color natural de tu cabello? (Nega).
- Eres una chica muy elegante ¿qué haces en un lugar como este?
- Tengo la idea de que eres muy divertida y agradable.
- ¿Te encantan los animales? (Si ella está en un zoológico o en una tienda de mascotas).
- <u>Ella</u>: Estoy esperando a una amiga.
  <u>Usted</u>: Que curioso, yo también espero a alguien ¿qué tal si conversamos mientras llegan?
- <u>Ella</u>: Yo conozco a los hombres como tú
  <u>Usted</u>: Bien, entonces podemos saltarnos las presentaciones.
- ¡Hola! Necesito una opinión femenina, huele estas dos fragancias y dime cual te agrada más.
- Chicas que opinan ¿ustedes andarían con un chico que todavía sale con su ex? Es que un amigo mío tiene este problema porque se dio cuenta que su novia se encuentra con su antigua pareja, ella dice que es porque quedaron como dos buenos amigos, pero mi amigo no se traga ese cuento, yo no sé qué aconsejarle y creo que una opinión femenina me ayudará para darle una orientación eficaz ¿Qué opinan ustedes?
- Te vi desde allá y tuve la fuerte intuición de que tenía que acercarme para venir a conocerte, pero me he acercado y la mente se me ha quedado en blanco, me presento, mi nombre es Norberto Bruguera.

- ¡Hola! No pude evitar escuchar lo que ustedes dicen, y permítanme decirles que …
- ¡Uy! eso dolió tendrás noticias de mi abogado (si es ella nos golpea accidentalmente).
- Me acerqué porque eres la única chica guapa aquí y quiero conocerte.
- ¡Qué bonito cabello! ¿Cuánto tiempo te tardó en crecer?
- Parece que el bus está tardando en llegar ¿verdad?
- ¡Qué buen pintor! ¿Verdad? (En una galería de arte).
- ¿Nerviosa?
- ¿Cómo te llamas? (Decirle eso al perro de ella).
- Íbamos en direcciones opuestas y me dije a mí mismo: no puedo dejar pasar a una mujer como esta.
- Hola, ¿podemos turnar la máquina? (En el gimnasio).
- Hola, ¿hace cuánto vienes a clases? No te había visto por aquí.
- Me acerque porque vas caminando al ritmo de lo que estoy silbando.
- ¡Hola! ¿En qué pasillo encontraste esa mortadela?
- ¡Hey! Pegas duro ¡Eh! Si lo que querías era conocerme solo tenías que haber dicho ¡hola!
- Me encanta tu pelo ¿es rubio natural?
- Se te ve con cara de estudiar algo interesante, pero mi inteligencia todavía no llega a descifrar que, así que me gustaría que me lo digas.
- Tengo una pregunta breve ¿a las mujeres les gustan los hombres santos o medio malos?
- No sabía si acercarme o no, pero quería saber tu nombre.
- Dime algo, ¿con esta camisa parezco sicópata?
- Había lustrado mis zapatos para que llegues tú y me los pises ¿te parece bonito?

- Por tu forma de mirar y expresarte me imagino que eres abogada (ingeniera, contadora pública, doctora, etc.).
- Te vi allí sola y me preguntaba cómo sería de agradable conocerte.
- Me permites un pequeño baile, aunque no sepa moverme.
- ¡Hola! Te ves adorable, por eso quise venir a saludarte.
- ¿Es cierto que las mujeres esperan conseguir novio en la universidad?
- Tengo la curiosidad de saber cómo los hombres suelen presentarse ante ti.
- Sabes le compré a mi hermana una blusa igual a la tuya. Supongo que tengo buen gusto ¿o no?
- Me encanta ver a una mujer que sonríe tanto, tenía que decírtelo.
- He venido con un par de amigos que son más atrevidos que yo y no me dejan disfrutar la noche, no paran de mirarte y he creído conveniente callarles la boca si ven que te hablo.
- Déjame adivinar qué perfume llevas puesto.
- Te lo habrán dicho muchas veces, pero me encanta el color de tu cabello.
- Quiero hacerles una pregunta ¿de qué hablan las mujeres cuando salen solas?
- Creo que te he visto en alguna parte antes.
- <u>Usted</u>: Aclárame algo ¿te gusta ese tipo de hombre?
  <u>Ella</u>: No para nada.
  <u>Usted</u>: Pero se lo veía bien vestido y parecía muy interesado en conocerte. Una cosa que he podido notar es que rechazas a ese tipo de hombres.
- ¿Has visto a un perrito? Mi amiga lo perdió hace unas horas. Es pequeño y súper tímido, creemos que puede estar por aquí.

- Te has de ver abrumada por las llamadas de tus pretendientes y por eso no me contestas (se le dice cuando ya se ha hecho amigo de ella y la llama y no contesta).

## Cuaderno de tareas

Escoja un grupo de frases para aproximarse a desconocidas y que a su entender sean las más adecuadas para un caso como el de usted. A continuación, ensáyelas y luego pase a la práctica. Como es de esperar, muchas veces van a haber ver grandes diferencias entre lo que usted ensayó y lo que ocurrió después en la conversación con la mujer elegida, así que a cada situación usted le debe de agregar su propia personalidad.

## Algunos indicios para resolver el cuaderno de tareas

Las rutinas le ofrecen la oportunidad de formarse una idea de lo que va a ocurrir en la interacción con la chica que elija para abordarla. No obstante, a usted le corresponderá crear una versión propia. Recuerde también que las frases que le he dado solo le proporcionan una perspectiva general y a usted le tocará acomodarse a estos recursos, pero que a fin de cuentas le ayudarán a que las cosas salgan como se espera.

Debo de hacer hincapié en que usted tiene que triunfar a toda costa sobre la tentación de querer apresurar las cosas y recordar también que a partir de las rutinas hay un amplio campo para la creatividad e incluso para la improvisación, por eso recomiendo anotar las frases en un cuaderno con espacios en blanco para hacer acotaciones.

Si usted logró empatizar con ella en la aproximación, es decir si ella se hizo su amiga, de aquí en adelante no es necesario que toda la conversación esté basada en rutinas enlatadas. Aquí empieza el campo para la inventiva porque caso contrario usted corre el riesgo de convertirse en un robot social.

Un consejo útil es empezar a utilizar sobrenombres cariñosos. Por ejemplo, si se llama Karina se le puede decir Karinucha porque así se logra un poco de complicidad.

Para concluir voy a decirle que, si al principio usted está muy rígido, eso lo puede llevar a cometer errores costosos y eso lo conducirá a sucumbir en la prueba y si eso ocurre le sugiero que no se desanime y que siga con la siguiente chica. Y otra acotación importante es que cuando las cosas salen bien uno puede acabar creyendo que es infalible olvidando que en este y en cualquier tipo de persuasión hay que mantener la humildad porque una de las peores impresiones que una persona puede emitir es la arrogancia.

# CAPÍTULO 21

## Encontrar el amor en el ciberespacio

Según el sitio de internet *La Vanguardia* casi el 40 % de las parejas de la actualidad se han conocido por internet.[33] Quizá porque es más sencillo manifestar nuestros sentimientos cuando nos encontramos delante de un ordenador que cuando tenemos una interacción cara a cara. Veamos un ejemplo:

Hace 2 años atrás Roger M. había puesto un freno a todos sus impulsos de su corazón porque su situación sentimental era deplorable. A simple vista, se podía vislumbrar que era un hombre con un estilo de vestir muy refinado y con un incesante deseo de perfeccionarse en el ámbito profesional, pero al hablar sobre el motivo que lo había llevado a inscribirse en mis cursos me habló de sus infortunios amorosos.

Le dije que el solo hecho de querer cambiar su situación era algo que tenía un mérito excepcional. Cuando le mencioné las virtudes extraordinarias que ofrece el ciberespacio, el señor M. no pudo reprimir una gran sonrisa de regocijo.

Yo consideré que este procedimiento era el que más le convenía a Roger debido a que es muy parecido a un simulador de vuelo y también porque nuestro amigo les tenía un gran temor a las mujeres hermosas. Al parecer, le pude transmitir un entusiasmo que le proporcionó un nuevo ímpetu.

Un pequeño curso intensivo de dos días fue suficiente para que adquiriera mucho aplomo y, después de eso se puede decir que, un nuevo ánimo lo había invadido de pies a cabeza.

---

33. https://www.lavanguardia.com/tecnologia/20190214/46454394015/ligar-parejas-internet-aplicaciones-tinder-sociologia-tecnologia.html

El señor M. sabía muy bien que este recurso constituye un ejercicio de imaginación que tiene como fin crear inquietud en la mente de una mujer, pero sin estar frente a frente, pero que tiene como finalidad mantenerla emocionada y prolongar la presencia del hombre en la mente de la chica.

Cuando le recomendé un mensaje que dice: «Quiero empezar el día deseándole lo mejor a la sonrisa más encantadora 😊», le pareció una buena idea, pero surgió el siguiente problema: ¿a quién podría enviárselo? Buscando en su lista de amigos de su red social encontró a una antigua compañera de trabajo que siempre le gustó mucho, pero que había dejado de verla desde hace ya varios años.

Para mí fue agradable ver la sensación de novedad que le produjo percibir esta frase que yo le había sugerido y la manera en que le iba a surtir efecto cuando se lo pusiera en el Messenger (eso quiere decir que nadie más, aparte de ella iba a ver aquel mensaje). No obstante, había que esperar hasta el día siguiente para enviar la misiva, pero mi temor era que Roger se fuera a entusiasmar más de la cuenta.

A continuación, le dije que el propósito de un mensaje como este es el de introducirse en la mente de la chica e incluso jugar un poco con las alteraciones del ánimo de ella y crearle un poco de intriga y hasta misterio. También le dije que una mujer en esa situación es más fácil de llevarla a un estado favorable a las pretensiones del hombre.

También le advertí del riesgo que podía representar si es que las cosas no salen como se supone, porque si bien es cierto que existe una alta probabilidad de obtener el resultado que se espera, también se puede ocurrir que el mensaje sea recibido con indiferencia.

Cuando lo vi al día siguiente, desde lejos pude divisar la emoción que reflejaba su semblante y, al acercarse pude vislumbrar una voz alegre y llena de vida. El caso era que la chica le había contestado y a su vez había preguntado a Roger si estaba seguro de que ella era la destinataria de ese mensaje, porque creía que quizá se había equivocado con alguna otra persona.

En definitiva, el señor M. venía para saber cuál era el siguiente paso, a lo que le contesté que lo siguiente era llamarla para verla en persona, porque sí ya se había despertado algún tipo de interés en ella, lo que no se podía hacer es seguir chateando por Messenger.

Le comenté que ahora había que tener en cuenta los tiempos de respuesta de parte de él y lo bueno fue que Roger todavía no le había contestado nada. Sin embargo, le dije que era evidente que el mensaje enviado por él ya había logrado su objetivo, pero le pregunté si quería dar el siguiente paso.

Lo bueno fue que vi en él una actitud llena de serenidad, lo cual contrastaba a leguas con su actitud el día de la entrevista del día anterior, porque ahora se encontraba de un humor excelente.

Le hice saber también que el primer mensaje era de tanteo y que no necesariamente requería de una respuesta de parte de ella porque no le había preguntado nada, ni tampoco la había invitado a salir, pero que en este caso y para pasar al siguiente nivel había que escribirle lo siguiente: «No me he equivocado, sería fantástico volver a hablar contigo. Si estás dispuesta, anótame un número de teléfono al que te pueda llamar».

En esta ocasión no se trataba entrar en un largo intercambio de mensajes porque eso sería contraproducente para sus intereses. Pero desafortunadamente, la cita con la chica no fue del todo venturosa, sin embargo, para Roger significó un pequeño triunfo porque logró despertar interés en alguien. En otras palabras, nuestro amigo pudo «salir de cero». Y eso le dio la sensación de no haber empezado perdiendo.

Mi labor con Roger era llevarle auxilio cuando la interacción había decaído, así que le dije que le ponga a cualquier otra chica el siguiente mensaje: «He pasado una velada fantástica contigo esta noche, me alegro que tú también la hayas paso bien conmigo. Ya tengo una buena idea de lo que haremos el próximo fin de semana». Como es de esperar, ese mensaje tenía que ponerlo en horas de la madrugada y luego tenía que escribirle en otro mensaje lo que sigue: «Disculpa, ese mensaje no era para ti. Era para alguien que está justo al lado de ti en mi lista de contactos. Era para una amiga» .

En realidad, la chica que recibió este mensaje nunca le contestó, pero cuando la vio unos días después, ella estuvo muy animada y eso provocó que empezasen una interacción que terminó en un gran noviazgo.

Quizá la parte más impactante de todo esto fue que el señor M. empezó a mostrar una gran rapidez de memoria y de respuesta, propia de un hombre de mundo, lo cual a mí mismo me dejó absorto.

## Algunas precisiones útiles e importantes

- Aunque los mensajes de texto son un pequeño juego de inteligencia que busca despertar intriga y emoción en una mujer. También vale destacar que, hay quienes de manera errónea piensan que se trata de una partida de ajedrez donde hay que rastrear cada movimiento.

- Este tipo de artilugio tiene la virtud de que no le otorga el control a la chica, dicho de otra manera, no se le concede ningún tipo de superioridad.

- Suele decirse también que quien inicia un intercambio de mensajes empieza perdiendo un partido de futbol con un marcador adverso, ya que quien dio el puntapié inicial queda a merced de la receptora del mensaje. No obstante, con los dos recursos que hemos visto no ocurre así porque es un mensaje abierto donde no se pierde el control. En lo personal ambos mensajes me han dado muchas satisfacciones, aunque debo de recalcar en que sí han existido ocasiones en que no he recibido respuesta alguna de parte de la chica a la que le he escrito. Sobre todo, esto pasa más con desconocidas que me han puesto algún tipo de solicitud en redes sociales.

- Recuerde también que en estos sitios de internet hay gente que fingen tener algún interés romántico en usted para luego pedirle dinero. En estos casos aconsejo que no envíe recursos de cualquier tipo si es que usted no conoce a alguien en persona.

- Este tipo de lenguaje le proporciona a usted una fuerza donde nunca se sentirá desamparado y tampoco renunciará al dominio de la situación.

- Se puede decir que con estos recursos que hemos visto se le crea a la chica algún tipo de compromiso y usted, por su parte no exterioriza ningún tipo de interés y a su vez conserva su individualidad.

- A muchos de estos mensajes se los puede considerar como negas, porque si una chica está habituada a la exageración de interés por parte de los hombres, con un mensaje como estos que hemos visto, empezará a ser víctima de una gran intriga, lo que a su vez le generará a ella una gran atracción hacia el remitente del mensaje.

- Se debe de dejar de pasar algo de tiempo antes de contestar a un mensaje enviado por ella.

- A los mensajes que están en las plantillas alternativas hay que someterlas a algún tipo de reforma.

- Se trata de que el recuerdo de ese mensaje permanezca por mucho tiempo en la mente de ella y si fuera posible que se vuelvan cada vez más intensos, por eso aconsejo a mis lectores a aliarse con el tiempo y no contestar los mensajes tan rápido.

- Esto es útil porque si ella tiene otros pretendientes, con este recurso ella va a pensar en usted y podrá permanecer en la mente de ella más que cualquier otro competidor.

- Si le hemos enviado un mensaje y ella no ha contestado, lo peor que se puede hacer es escribir otro SMS que exprese obstinación e impaciencia porque eso lo hará ver a usted como alguien necesitado y de poco valor.

- Evite que ella vea que usted se encuentra con el chat abierto a toda hora, porque eso la hará pensar que usted no tiene otras cosas en que ocupar el tiempo. En términos extremadamente simples, usted será visto como un vago.

- El mensaje que usted le envía debe de ser corto.

- Los mensajes no deben denotar sentimientos.

- No insistir en moldes repetidos porque eso lo hace perder en la intriga que se busca obtener.

- No caer en los mismos moldes de comienzo y finalización que hacen que un chateo sea predecible y hasta fastidioso.

- Evitar caer en una sucesión de mensajes que no tienen ningún sentido.

- No enviar otro mensaje si el primero no fue contestado.

- No enviar mensajes en donde queda en evidencia que usted se encuentra bajo el influjo de una depresión o peor aún bajo los efectos del alcohol.

- Usted tiene que ser el primero en terminar el chateo.

- Advierta que ella no debe de percibir que todo ha sido hecho bajo un libreto, sino parecer que usted actúa de manera natural, porque de lo contrario ella se saldrá del estado favorable al que se ha logrado llegar con mucho esfuerzo y, por eso el paso del ciberespacio al mundo real debe de ser casi imperceptible para ella.

### ¿Con quiénes utilizarla?

- Con mujeres en la que en su red social muestran que tienen una identidad parecida a la que usted anda buscando.
- Con mujeres que tienen amor al riesgo.
- Con mujeres con iniciativa.
- Con mujeres que andan en busca de fantasías.
- Con mujeres que se han inscrito en alguna aplicación de búsqueda de romance.
- Bajo ningún motivo, se le debe de poner el mismo mensaje a mujeres que se conocen entre sí.
- Con mujeres que quieren escaparse de la lógica del aburrimiento.

### ¿En qué circunstancias utilizar este recurso?

- Cuando en el mundo real usted se encuentre con una gran falta de motivación para acercarse a una mujer, ya sea por miedo o porque a las que conoce no están disponibles debido a que están comprometidas.

### Sugerencias alternativas

- Hoy me acordé de ti cuando una colega llevaba tu mismo perfume.
- ¿Qué tal si nos relajamos un poquito y hablamos como personas normales? (Si ella reclama por algún mensaje que le pusimos y que no le gustó).
- Estoy en un sitio en el que te gustaría estar ahora mismo (cuando se lo envié por primera vez a una chica, ella me contestó de inmediato).

- Toc, toc… ¿se puede?
- Qué curioso, he recibido ese mismo mensaje varias veces en esta misma semana (si es que es ella la que inició la conversación y puso algo original en el chateo).
- Voy a dar una parrillada en mi casa el próximo sábado en la noche, dame un toque si te apuntas.
- Te vas desparramar de la risa, me han dado unas ganas lunáticas de verte al leer tu mail. He estado a nada de coger mi motocicleta para raptarte. Tenemos algo pendiente. Un abrazo.
- Te agradezco la aclaración, pero los tiros no iban por allí. Es evidente que tú y yo nos comprendemos mejor cuando conversamos cara a cara que por mensajes de texto.
- Yo mañana estaré ocupado, pero el sábado tendré una pequeña tregua y saldré a ver en el almacén Tal algunas cosas que necesito. Si te hace acompañarme, dime si estás disponible ese día y te recojo. Un abrazo.
- Me aventuro a que puedo acertar en lo que estas sospechando en este momento.
- ¿Sabes lo que haría feliz mi día?
- Cada vez que te pienso pones una sonrisa en mi cara.
- Tengo arañazos y moretones en todo el cuerpo. Salir contigo fue como ponerme a bañar a mi gato, aun así, la pasé muy bien. Muchos besos.
- ¿Sabes? Cuando volvimos a hablarnos nunca pensé que me pudieran dar ganas de volver a verte. Es curioso ¿o no?
- Estoy saliendo, ¿te gustaría salir conmigo?
- Hey, chica sexi, ¿qué estás haciendo, además de verte bien?
- Estoy teniendo un día pésimo, pero con un abrazo tuyo me sentiría mejor.

## Si ella publica una foto sexi

- Como agradecer lo que haces por mí.
- Siempre logras sacarme una sonrisa.
- No tengo palabras para decirte como me siento en este momento.
- Gracias por sorprenderme siempre.
- Es increíble lo que haces para deleitarme.

## Cuaderno de tareas

Envíe un mensaje de texto y espere la respuesta. Si ella no dice nada, continúe con otra chica sin desesperarse. Si lo desea puede ir a páginas de búsqueda de amor que hay disponibles en internet.[34]

## Desarrollo de cuaderno de tareas

Aunque la insinuación es un medio supremo para influir en la mente de la gente, considero que el SMS en donde se le dice a la chica que ese mensaje no era para ella y acto seguido se le pide una disculpa, es un SMS que va disfrazado de un encuentro con otra chica. Es un mensaje emocional ante la falta de animación que puede haber en una conversación normal. Es lógico que ella se va a sentir celosa, aunque lo más probable es que ella nunca responda a ese mensaje, pero en el fondo es un aguijonazo a sus desequilibrios, pero que poco a poco empezará a echar sus raíces. Por eso es que, en el ejemplo de este capítulo la chica no contestó, pero después de eso ella misma buscó un encuentro con el protagonista del ejemplo.

---

34. Aconsejo https://www.mejoramor.com/

Esta insinuación evitó cualquier tipo de barrera que ella tenía instalada en su mente e hizo que, sin haber usado ningún tipo de lenguaje, el señor M. haya alcanzado un objetivo casi sin ningún tipo de esfuerzo adicional.

# NOTA FINAL

Muchas veces intentaremos seducir a una mujer que nos fascina, y al parecer hemos hecho todo bien, pero no hemos logrado el resultado que buscábamos. En términos extremadamente simples, nos faltó más encanto, es decir, esa magia que se puede lograr dominando bien los principios lingüísticos y aunado con el lenguaje no verbal. Es allí donde usted se preguntará si eso que hizo falta es algo congénito a cada persona o es algo que se puede aprender.

Este tipo de seductores innatos, siempre van a pasar distendidos y seguros de sí mismos y muchas veces pensará sobre el ingrediente que le hizo falta a usted para ser igual a ellos y que las cosas salgan bien en un 100%.

El arte de la seducción puede compararse con la destreza de cazar pequeños animales en donde no se pueden hacer movimientos en falso, porque caso contrario los animales adivinarán sus intenciones y huirán lo más lejos posible. Es lógico pensar que la chica que a usted le gusta, no puede ni debe sentirse intimidada y en esos casos una conducta relajada de parte de usted es la mejor manera para que una seducción se produzca de manera óptima.

Para finalizar puedo decirle que, para adquirir esa exquisitez que hace falta, usted debe de cuidar mucho su presentación y sus modales y no lucir nunca áspero ni calculador. Lo invito a la reflexión sobre estos puntos y que inicie su propio camino hacia una vivencia única aplicando el método más adecuado según la situación en que usted se encuentre. Le deseo suerte en la consecución del amor que usted anda buscando.

# Lecturas recomendadas

*Problemas de pareja. Camino a la disfunción familiar*
(Roberto René Ramírez Bengoa)

*El amor que te marca. Los 4 estilos de apego y su impacto en tus relaciones*
(Silvina Bucci)

*Vivir como un romántico*
(Lily Valdés)

*Vivir para aprender. Esta historia te va a ayudar*
(María Belén Alvez Maeso)

EDIQUID